老鼠戏猫

散户猎庄十二绝技

姚茂敦◎著

北方联合出版传媒（集团）股份有限公司

万卷出版公司
VOLUMES PUBLISHING COMPANY

ⓒ 姚茂敦 2010

图书在版编目（CIP）数据

老鼠戏猫：散户猎庄十二绝技／姚茂敦著．—沈阳：万
卷出版公司，2010.1（2010.11 重印）

（引领时代）

ISBN 978-7-5470-0590-3

Ⅰ.老… Ⅱ.姚… Ⅲ.股票—证券投资—基本知识

Ⅳ.F830.91

中国版本图书馆 CIP 数据核字（2009）第 236404 号

出　版　者	北方联合出版传媒（集团）股份有限公司
	万卷出版公司（沈阳市和平区十一纬路 29 号　邮政编码　110003）
联系电话	024-23284090　　邮购电话　024-23284627 23284050
电子信箱	vpc_tougao@163.com
印　　刷	北京振兴华印刷有限公司
经　　销	各地新华书店发行
成书尺寸	165mm × 245mm　　印张　13.5
版　　次	2010 年 1 月第 1 版　2010 年 11 月第 2 次印刷
责任编辑	刘铁松　　　　字数　150 千字
书　　号	ISBN 978-7-5470-0590-3
定　　价	35.00 元

众所周知，我国证券业起步于20世纪80年代，但直到1990年和1991年，上海和深圳证券交易所才正式成立。此后，几经跌宕起伏，曲折不断，但始终保持着稳步发展势头。截至2009年7月24日收盘，沪深股市A股总市值为193054.43亿元人民币，按照1：6.83汇率计算，相当于约2.83万亿美元。据日本媒体2009年7月20日报道，日本东京股市总市值约3.2万亿美元。据此，A股总市值已经稳居全球第三，暂列美国和日本股市之后。目前，A股市值总规模与我国在世界经济版图中排名第三的位置基本一致。

相信绝大多数股民都知道，我国证券市场参与者包括证券发行人、证券投资人、证券中介或服务机构、自律性组织等。其中，证券投资人是指通过证券而进行投资的各类机构法人和自然人。据此，证券投资人实际上可分为机构投资者和个人投资者两大类。

根据一般定义，机构投资者主要有政府机构、金融机构、企业和事业法人及各类基金等。个人投资者是指从事证券投资的社会自然人，他们是证券市场参与人数最多、交投最活跃的投资群体。

根据中国证券登记结算有限责任公司的最新统计，2009年11月2日至2009年11月6日，沪深两市新开A股账户299891户，B股账户811户。截至2009年11月6日，沪深两市共有A股账户13515.83万户，B股账户244.66万户；有效账户11760.58万户。虽然目前没有数据显示到底有多少户个人投资者，但根据中国证券市场尚处发展初期，市场参与者主要是个人投资者的特征。个人投资者可以说是一个个体投资金额虽然不大，但涉及人数甚为庞大的群体。

尽管迄今未有人把个人投资者（其中包括小部分大户）直接等同于散户。但按照狭义划分，人们通常把那些投入股市资金量较小，无法操控股价走势的个人投资者称作散户。

与此相对，庄家主要是指那些具有强大的资金、信息、技术和人才实力，通过市场运作，能操控某只股票股价走势利于己方的资金集团或机构。既然证券市场上存在着散户和庄家，那么，为了追逐投资资金的利润最大化，这两者之间必然会时时爆发没有硝烟的殊死搏斗。

俗话说："股不在好，有庄则灵。"从这句话中，我们可以清楚地看出，虽然狡猾的庄家经常设置各种美丽的陷阱，将势单力薄、前仆后继的散户无情宰杀，导致散户对庄家恨之入骨。但更多的时候，散户又急迫地想跟到实力雄厚的善庄，贴身"与庄共舞"，然后大赚一笔卖票走人。于是乎，为实现各自利益，庄家引诱、戏弄、追捕，最后猎杀散户的故事，每天都在证券市场真实上演。

在人们过去的印象中，由于普遍存在着资金小、信息少、技术弱、心理承受能力差等客观缺陷，散户似乎永远是机构肆意玩弄的猎物，以及庄家无情欺凌的对象，始终扮演着股市战场的弱者角色。而庄家呢，则是要风得风、要雨得雨，几乎成了无往不利的常胜将军。

不过，我们也应看到，尽管从表面上看，散户的弱点确实不少，但世间万物，向来此消彼长，并无永久绝对。所谓强者与弱者，其实只是相对的，各自的角色也是动态变化着的。换句话说，庄家资金实力是很强大，操盘手法也极为狡猾凶狠，能轻易控制某只股票的股价走势，但其暴露出的弱点同样致命。股谚说得好："庄家船大头难掉，散户个小身易转"。比如，一旦遇到像2008年那样的全球性金融危机而引发的系统性风险，庄家动辄几亿、几十亿的资金想在短时间内抽身走人可就不那么容易了。而散户呢，手里的资金不过几万、几十万，眼见情况不对，撒腿就跑可就方便得多。所以，弱肉强食是自然界的基本游戏法则，但决不是唯一生存法则。

在这本内容新颖耐读、写作方法独特的书中，作者将一改国内过去那种一讲到股票操作，就必定罗列出一大堆技术指标，并配上大量图表，然后再进行案例分析等传统做法。而是打破藩篱、独辟蹊径，充分利用中国老百姓喜闻乐见的十二生肖，演变成十二个简单管用的招式。通过一系列典型或新奇的故事讲解、个人独创的理论系统和亲身实战经历，以一种前所未有的轻松表达方式，真切自然告诉广大散户朋友，作为天生弱者，该如何通过一些简单有效的绝技，成功避开庄家精心设置的陷阱，并在一次次血腥的残忍追杀中，迅速成长并壮大自己，最终成为笑傲股海的猎庄高手！

之所以把这本书命名为《老鼠戏猫》，最主要原因有两点。第一，我国古人根据动物出没时间和生活特征，将十二种动物作为十二生肖，即每一种动物为一个时辰。而老鼠正好排行第一（与十二地支中的子时相对），后面的顺序依次是：牛、虎、兔、龙、蛇、马、羊、猴、鸡、狗、猪。而本书的组织架构，正是完全按照十二生肖来巧妙设计的。那么，每一章都会根据对应的动物，重点讲解散户在股市中最常见的危险情况及应对战法。第二，在自然界，猫始终是老鼠的天敌。而在证券市场中，散户与庄家的关系，正如老鼠与猫的关系。在人们以往的认识中，由于老鼠天生弱小，被猫欺凌和玩弄似乎是天经地义。不过，只要看过动画片《猫和老鼠》（又译《汤姆和杰瑞》）的朋友，相信大家对聪明的老鼠杰瑞总能想出新点子，老是戏弄傲慢愚笨的家猫汤姆记忆深刻！因此，在我看来，老鼠如果能充分利用自己的聪明才智，善于扬长避短，审时度势，战胜看似外形强大，实则"外强中干"的笨猫并不困难。

需要特别说明的是，本书虽然具有好看耐读、简单管用等鲜明特点，但大家还是不可照搬硬套。毕竟，证券市场变化多端，而任何经典理论和技术战法都有一定适用的前提条件。也就是说，不同的时间节点，使用相同的理论和战法，其结果可能大相径庭，甚至完全相反。

最后，我衷心希望广大散户朋友通过认真阅读本书，并结合自身实际，总结出一套最适合自己的炒股战法，最终成为股场高手！

祝大家投资愉快！

目　录
CONTENTS

老鼠戏猫
散户猎庄十二绝技

第一章

Chapter 1

一竹鼠收购战一

如何识破庄家设置的美丽陷阱

第一节　一场妙趣横生的竹鼠收购战

Section 1

据传，在我国中部一个偏远贫穷的小山村，突然有一天来了两位城里人。两人的身份，一位是老板，一位是助手。他们来到小山村的目的，是在报纸上看到这个村子里有很多竹鼠，此次慕名而来，主要是为了大量收购竹鼠，卖给一家美国公司将其制作成高级皮鞋、翻毛大衣和高档毛笔，以在欧美市场销售。收购价格是每对竹鼠300元，而且是一手交钱，一手交货，决不拖欠。

村民对竹鼠并不陌生，在竹林里也经常能看见这种小动物，但因为它长得像老鼠，遭到村民的不少痛恨和白眼，还从没听说过它很值钱的，那种东西，就算送人人家都不要啊！难为村长还专门将大家召集起来，一本正经地开了个"动员大会"。村民们耐着性子听完竹鼠收购计划，个个都感到好笑，都认为这两个家伙是吃饱了撑的，纯粹为了找穷人寻开心。

第一天，大家从田里劳动归来后，该打牌的打牌，该喝茶的喝茶，没有谁跑去傻乎乎地捉竹鼠；第二天，大家依然不为所动，根本不把这两个外乡人的话当回事；到了第三天，有几位年轻村民（他们算是思路新一点的人），看见那两个城里人连续两天没有收购到竹鼠，还是没离开村子，反而找到村长，急切希望村长继续向大家加强宣传力度，并且承诺马上支付现金。这几个年轻人抱着试试看心理费了好大劲，跑进竹林去忙活半天，终于抓回来两对竹鼠。让大家意想不到的是，这几位抓到竹鼠的村民还真的当场从两位城里人手里拿到了600元！然后，几位村民欣喜若狂，好像祖坟烧了高香，赶紧揣着600元喜滋滋地喝酒去了。

此事一经传开，立即在村里炸开了锅。此前，人们对老鼠可是恨之入骨，没想到村边竹林里的秸秆的老鼠，竟然全身是宝，抓来竹鼠，马上就能换到新崭崭的钞票，比干几个月农活还赚钱呢！这下，村民们沸腾了，"抓竹鼠赚大钱"的消息如同乘了风，长上长长的翅膀，一传十十传百，家家户户都积极果断行动起来，很多村民还三五成群自发组成了"抓鼠小分队"，希望能多抓到竹鼠换成金钱，以改变过去的贫穷模样，过上富足的幸福生活。还有些因为贫穷而一直没有娶到老婆的光棍汉，几乎是不分昼夜地潜伏在竹林里捕鼠，他们欢天喜地地想：只要多抓些竹鼠卖了，很快我就能当新郎官了！于是，该种地时没人下地，该浇水时没人入园，就连一直维持生产秩序的村长，晚上都被他老婆揪着耳朵骂："人家家家户户男人都在发财，就你还傻乎乎地种田！明天也给我去抓竹鼠，否则老娘晚上不让你上床！"本来村长还有点犹犹豫豫，犹抱琵琶半遮面的，但被他老婆这样一"修理"，也就马上放下村中大小事务，加入了浩浩荡荡的"捕鼠大军"。没过几天，本来数量就不多的竹鼠越抓越少，老板把每对竹鼠的收购价先后提高到了400元和500元。

在这个人口不多的小山村，破天荒地碰到这种百年难遇的大好事，大家真是群情激奋！甚至出现了全村老少集体出动抓竹鼠的空前盛况。大家都知道，现在竹鼠金贵啊！捉到一对就值个大衣柜！不但所有村民，包括村长都陷入狂热的"捕鼠热潮"中，就连他们的亲戚朋友，听到这振奋人心的好消息，也忍不住跑来这块"宝地"上试试运气，希望也能沾沾这个昔日贫困村的好风水，尽快发家致富！

很快，竹鼠收购计划进入第七天。这时大家能捕捉到的竹鼠已经少之又少了，有时就算壮汉在竹林中穿梭一天，弯腰弓背恨不得带上教书先生的放大镜来找寻，也很难找到一只竹鼠。为了帮助大家提振精神，老板又将价格提到了每对600元，虽然很让人心动，但找到的概率还是微乎其微。有些胆大心细的村民举着火把，带了干粮到附近山林去寻找，回来时常常只是带回一身荆棘。那些平日里看不上眼，现在又成了宝贝疙瘩的竹鼠，真是很难找到了！

这时，老板突然接到一个电话，叽叽呱呱讲一番"鸟语"后，就告诉村长，自己有急事需要回城处理一下，过两天就赶回来，为彻底打消村民的顾虑，他还特地留下自己的助手继续收购竹鼠。

等老板离开后，助手立即召集几位村民代表开会。会议上，他"好心地"告诉大家："老板临走时，曾经悄悄告诉我，由于竹鼠越来越少，而那家美国公司的库存已经所剩无几，但市场上还非常需要竹鼠！等他回来后，每对竹鼠的收购价将提高到1000元！"闻听此言，大家你一言我一语地议论开了，一边激动一边后悔当初将竹鼠卖早了，否则现在能赚好多钱啊！看见大家热议纷纷，脸上全都写满"为什么我手上就没竹鼠"的激动和惋惜，最后，这位掌握着绝对"内幕利好消息"的助手故意压低声音说："对了，如果有人愿意按照每对800元的价格购买我手中的竹鼠，然后转手卖给我老板，我乐意促成好事，让大家发笔小财。但是，你们千万别告诉我老板，这是我出的主意哦。我只是想尽量帮助大家，如果被老板知道了，他肯定要说我吃里扒外，胳膊肘往外拐，到时，我肯定连饭碗都保不住呢！"

有幸受邀参加会议的几位村民得此"利好消息"后，心里那个高兴劲儿就别提了！大家仔细一盘算，觉得这笔买卖实在是太值了，用800元一对买进竹鼠，转眼工夫就可以卖到1000元，而且不必去冒任何风险，顶多是在老板回来前喂养这些竹鼠几天，这样的好事天底下到哪儿找去啊？于是，参与会议的村民纷纷回家找出压箱底的钱，加上之前卖竹鼠拿到的资金，东拼西凑，开始你5对、他10对地暗中对助手手中的竹鼠进行回购。而随着"利好消息"逐渐传开，很多村民都听到了风声，大家愤愤不平地想：凭什么只让他们几个赚钱发财呢？于是私下找到助手，和他说了大堆好话。助手一脸为难地再三叮嘱大家："那你们千万不要出卖我哦！

我真的不愿意为了帮你们而被老板开除呢！"淳朴的村民们拍着胸脯保证："哎呀，请你放一万个心，我们一定不会讲半个字的！"因为感谢助手，每个村民偷偷摸摸来求过他卖竹鼠之后，都保证自己不会泄露半点秘密，每当抱着竹鼠离开时，那个感激涕零啊，还真诚地说了很多个谢谢！

不过眨眼之间，村民们已经把助手手中收购的几百对竹鼠全部又买走了。

正当大家美美地做着大发横财的春秋大梦时，眼看手里的竹鼠全部脱手，助手突然也来了个人间蒸发，于某个清晨消失不见，成功与老板一前一后实现了"金蝉脱壳"，村民们上山下河都找不到他的踪影。大家原本还乐呵呵地等待老板归来收购他们手中的"高价竹鼠"，等来等去却再无半点音信，有人到城里打听，原来并没有什么竹鼠收购计划！这下，大家完全傻眼了。很多倾家荡产，甚至是借钱买竹鼠的村民，纷纷气得捶胸顿足，痛骂不止，不知道怎么办才好，可是，一切都醒悟得太晚了！

第二节　庄家利用"内幕消息"
　　　　　无情绞杀散户

Section 2

读完以上这则故事，相信很多投资者肯定有种似曾相识的感觉。不错！只要我们认真想想两个城里人先是高调出场，再到用计引爆村民抓鼠激情，最后悄然消失不见，整个就是一幅机构利用"内幕利好消息"无情绞杀散户的场景。下面，我们来对整个过程及步骤进行场景还原。

一　城里人宣称高价收购竹鼠，只为操控村民情绪。

这一初步举动，正如庄家决定要运作一只股票时，首先要有意或无意显示其强大资金实力，以赚足市场眼球，为后面吸引更多散户入场为自己抬轿，提前做好必要准备。而在真正进入市场运作时，庄家通常会找些"炒手"来造势，通过各种渠道来高调曝光，引起散户注意。这和城里人找到村长开会来宣布这件事的做法大同小异，这里"村长"的隐喻意是作为庄家和散户之间的"中介"，也就是我们平日常见的"炒手"，他们也许对庄家实力并不是了如指掌，但能被委以重任，同时得到广大散户的信任，可以说是最好的"股票推广人"。

二　竹鼠收购价格一再提高，意在引爆村民抓鼠激情。

在故事中，最先投身于"捕鼠大业"的村民都得到了实惠和好处，这就大大刺激了那些因为谨慎和小心而迟迟未"入瓮"的村民，他们在他人个个赚得盆满钵满的情况下，又怎能克服人性弱点——即屈从于"大众"呢？用荣格的哲学理论来分析，这就是一种"集体无意识"，庄家巧妙地用在市场上，便利用"一只头羊带动整个羊群"的示范效应，让越来越多的人在毫不知觉的情形中，一步步踏入自己早已设置好的"圈套"。

而在股市中，庄家也会采取不断拉高股价，接连报收长阳，涨势如虹这一招，以吸引更多跟风盘入场帮助自己，而庄家只需很少的筹码即可将目标股股价进行猛烈拉升。此举将极大地促使那些之前一直选择持币观望、态度摇摆不定的散户，在身边人天天大喊"涨停！涨停！"的情况下已经眼红不已，此刻不得不痛下决心，立马换掉其他股票全仓追高入场。因为信心受到激发的他们担心再不买入，恐将错过一匹能使资金翻倍的超级黑马！

三　助手有意放出"利好消息"，蒙骗村民放弃戒心。

村民们应该静下心来仔细想想：天下哪有那么机缘巧

合的事？老板偏偏在这个时候回城，而助手又不经意地放出"利好消息"。可是，在丰厚利益的驱使下，村民们根本不会多想。这就好比向来喜欢打听所谓"内幕消息"的散户们，一见身边的张阿姨和罗大妈们都在纷纷买进，早已被事情的种种表象所蒙骗而完全放弃戒心。把股票买到手之后，有人还会暗中庆幸自己这回总算跟对了庄家，晚上甚至开始做起了钞票如雨而下的发财美梦！此刻，根本没有多少人去思考这些"内幕消息"到底是真是假的问题。多年前，香港有部经典老片《大时代》，里面就不乏有人为"内幕消息"而发癫发狂的。其实，老股民都知道：股票市场上天天消息漫天乱飞，可到最后被证明真正对散户有利的，又有几条呢？如果"天机"那么容易就泄露了，那泄露者为什么不暗中狠赚一笔呢？

四　"金蝉脱壳"计划完美谢幕，独留高位接货者垂泪。

　　由于市场制度原因，我国的上市公司每年分红微薄，有的干脆几年都不分红。但圈钱功夫却是厉害无比。无奈之下，散户投资者只得托关系、走后门，到处打探所谓"内幕消息"，冒着高风险在二级市场博取一点可怜差价。而制订竹鼠收购计划的老板（庄家）正是通过一连串有预谋的隐蔽动作，前后不过八天时间，便成功将此前以低价收集的大量筹码（竹鼠），按高价尽数倒给村民（散户），自己和助手则立即玩起了"人间蒸发"，快人一步溜之大吉。至此，庄家一次短线"绞杀"散户、金蝉脱壳的计划，最终以己方大获全胜而完美谢幕，独独留下高位接货者痛哭垂泪。

　　在庄家眼里，他握着的股票更像一种"使用价值"，虽然按照马克思的经济学理论"使用价值是围绕价值为杠杆，上下波动的"，但庄家的聪明之处在于，他能充分利用强大的资金，将"使用价值"发挥到极限，把股价推到一个高位，然后悄无声息地用手里的股票交换散户白花花的银子，散户最终拿到手的，虽然也是"使用价值"，但因为整个市场都不再关注这件商品了，也就是缺失了"买家"后，"使用价值"便会跌到"价值"的悲惨低位，散户此刻再握着一大把不断贬值缩水的股票，如同淳朴的村民养着永远没人来收购的竹鼠一样——割肉舍弃吧，心痛难忍！继续养着吧，心有不甘！

正因如此，才经常听到股市上有被深度套牢的"套中人"开玩笑："这几只股票解不了套没关系，大不了留给孙子娶媳妇当彩礼！"其实每当听到诸如此类的笑话，我非但不感到好笑，反而觉得特别心酸。

我经常在心里默默思考："难道我们散户真的天生命贱，生来就该被庄家'吃肉喝血'吗？"非也，下面就请大家擦亮双眼，在股市的残酷搏杀中练就一双火眼金睛，以看清庄家"设套"花招，做个"智慧型投资者"，避免跳进庄家巧妙安排的陷阱。

第三节　散户应如何避免跳进
　　　　庄家设置的陷阱

Section 3

俗话说：天下没有免费的午餐！危机四伏的股票市场自然也不例外。作为处于弱势地位的散户朋友，必须要明白自己始终是机构和庄家天然的敌人。这一特殊身份定位，清楚无比地告诉了我们，对于那些业绩很差、麻烦不断的垃圾股和问题股，就算庄家利用再多利好消息进行包装和粉饰，并连续拉出涨停，也不要让一时的冲动战胜了理智，盲目轻易参与。否则，一旦运气不好碰到恶庄，让人杀掉十几个跌停板下来，亏得血本无归不说，估计再无本钱东山再起了。

此外，大家还要特别注意，就算所跟庄家实力强大，一旦主力认为"利好出尽",并发现自己的战略意图已经暴露,且无人再敢跟风买入时,此时已经吃饱喝足的他必定会抢先一步大开杀戒,最终让无数高位接盘的散户大军活活葬身股海!

为了避免出现上面的被动局面,有必要先了解庄家坐庄的基本概念。

一 吃货和出货是什么意思?

顾名思义,所谓吃货,通常是指庄家在股价很低时暗中买进股票。而出货刚好相反,是指庄家在股价很高时,不动声色地卖出股票。

一般来说,庄家出货和吃货时,惯用手段就是诱多和诱空。不是在交易形态上给散户造成错误的判断,就是在消息面上给散户挖许多陷阱。而这两种手段一定是配合使用的,真真假假,对一个普通的股民来说,比较不易判断。也没有一定的规则可以遵循。

除了刚才我们在故事中看到的"口口相传",通过村民们的奔走相告来进行消息传播外,还有其他诱使渠道。目前,互联网的兴盛发达,传播速度之迅速快捷,也成了庄家用来布置消息陷阱的有效工具。

二 不要妄图打探到真实的"内幕消息"。

所谓内幕消息,泛指那些未公开发布的消息,而只有少数内部人士以及与内部人士关系密切的人才能获得的消息。

天下散户有个共同特点,或者说最容易犯的通病,就是喜欢到处打听内幕消息。可是,大家不妨扪心自问一下,如果你打听到的内幕消息是真实的,人家为何要告诉你。再说了,经过七弯八拐才到你耳朵里,说不定有效的信息已经丢失得差不多了。此时,等你杀入场内时,不是股价高高在上,就是人家早已逃之夭夭了。

由于庄家在筹划消息陷阱方面具有丰富经验，即便散户中招，也完全意识不到，甚至还会反过来感谢某些人。如同我们"抓竹鼠"故事里那个狡猾又奸诈的助手，他明明是"请君入瓮"，让村民们拿出辛辛苦苦的血汗钱来"买回"竹鼠，却被大家当成天字第一号大善人，还恨不得向他磕头谢恩才好。

股市如同自然界，优胜劣汰，适者生存。大鱼吃小鱼，通常在无形之间，更多是借别人之手，或借势吃掉小鱼。这"借势"，有时何其巧妙，散户大概被吞进大鱼肚子里了，还傻乎乎地帮人家数钱，然后继续做自己已经赚成大富翁的黄粱美梦。散户提高自己的风险意识是最主要的防御武器，千万不要轻信别人的消息，不要仅凭看了某个股评就做决定，你要坚信一句话：那些股评将这只股说得天花乱坠，似乎只要弯腰就能拾到百元大钞，那他干吗还来写股评？不如节约时间去买股票，"闷声发大财"多好啊！就像故事里的村民，倘若他们在面对助手引诱时，哪怕其中一个人稍微动点脑筋，直白地问问助手："如果回购竹鼠可以不费吹灰之力赚到大钱，为什么您不自己'倒一倒货'呢？"所以，我以为，我们的散户朋友千万不要以为自己比别人聪明，更不要妄图打探到真实的"内幕消息"。

三　当黑马突然出现时，该怎么办？

由此可见，每当市场上突然跃出一只走势怪异、彪悍异常的黑马股，而你忍不住想追高买入时，此刻你必须需要搞清楚两件事。

1. 买入的具体理由是什么？

也就是说，你决定买入某只涨势汹汹的股票之前，你最好先在脑海里快速地问自己几个小问题：我了解这只个股多少？它属于什么行业或板块？它的业绩如何？它的发展是否得到政府相关产业政策的扶持？买入它的具体理由有哪些？

2. 时刻牢记冲动是魔鬼!

或许，你会说，这炒股嘛，本来就是高风险伴随着高收益，买股就是需要胆子大，等你什么都想明白了，黄花菜都凉喽。是的，此话看似有道理，但实际上是站不住脚的！为什么这样说？如果你知道，一个庄家决心要运作一只股票时，总会动用大量人力、物力、财力，进行调研、分析、策划、执行、总结等几大步骤之后，相信你会大吃一惊！想想看，人家有钱有势的庄家行事都如此谨慎，你作为弱势一方，难道不应该多问自己几个为什么吗？此外，我提醒时刻牢记冲动是魔鬼，并不是说一直按兵不动。只是希望在行动之前做足功课，对国家政策、大盘运行趋势，以及目标股多些研究和了解。这样，一旦机会来临时，才会少犯低级错误，多成胜算把握。

3. 第一时间判断主力资金的性质。

牛市里，天天都有争着冲上涨停板的股票。熊市里，同样也会有突然拉升的股票，只是数量相对少一些。面对突然启动的个股，你可以在第一时间从股价的运作手法对主力资金的性质有个概貌。一般来说，如果是基金坐庄，基金经理很多属于"学院派"，手法相对保守或稳健，会遵循价升量增的规律。但如果是游资和私募，那情况就不同了。他们经常会采取边建仓边拉升的办法，来时势如破竹，去时快如闪电，一旦得手，涨升行情2—3天即宣告结束。经过他们运作过的个股，会很快回归平静。对主力资金有个初步判断之后，有利于散户在很短的时间内，针对不同庄家来决定买与不买，即便要买，也会采取不同的应对战法。

| 四 | **什么叫洗盘?** |

洗盘的定义：庄家为达炒作目的，必须于途中让低价买进，意志不坚的散户抛出股票，以减轻上档压力，同时让持股者的平均价位升高，以利于施行坐庄的手段，达到牟取暴

利的目的。

　　散户在初涉股海时，很可能分不清"出货"与"洗盘"两个基本概念，作为庄家惯常使用的伎俩，其实大家不但要懂得什么叫"出货"，也要懂得"洗盘"的奥妙。区分两者的区别是十分关键的，因为它将直接影响到你的亏损与收益。但在实际操作中，许多投资者却把庄家的洗盘当出货，出货当洗盘，结果卖出的股票一路狂升，死捂住的股票却一跌再跌，深度被套。除了经济上造成损失外，也对投资心态产生了较大的破坏。

五　洗盘的目的是什么？

　　在实战中，无论控盘主力手段多么高明，资金再怎么强大，他只能且只愿控制流通盘部分或大部分流通筹码，而市场上仍然保留着一定意义上的流通股份，而这一定意义上的流通股份持有者，随着股价的逐步上涨，已经渐次获利。而这些获利的筹码就犹如没有被排除引信的炸弹，揣在主力怀中，时刻威胁着主力资金的安全，很大程度上制约和牵制着主力再次拉升股价。这些小资金投资者由于资金较小，持有流通筹码的份额较少，和控盘主力的大资金持有者持有流通筹码的份额比较起来，有着船小好掉头的巨大优势。于是，主力和散户之间，便有了一个暗中算计的心理博弈，这样势必会造成主力在做高股价后在高位派发获利筹码的难度。

　　正是基于此，所以作为控盘主力，往往在股价有一定涨幅或是取得阶段性胜利后，或获利筹码涌动时，恰当地利用大势或者个股利空、传闻，强制股价，破坏原来的走势，进入箱体震荡或平台整理，或向下打压股价，通过股价走势上的不确定性，来达到清理浮筹的目的。

　　我们刚刚讲到，一定要正确区分主力到底是在"出货"还是"洗盘"。一般的讲，"出货"时，庄家喜欢利用自己掌控的资源，营造各种利好，造成散户高度乐观，失去警惕心理，煽动大家在高位吃下他手里的"货"。而"洗盘"则刚好相反，主力会极力渲染和放大持股者的恐慌情绪，利用这些散户投资者对后市股价走势的不确定性和不安全感，促使获利的小资金持有者和散户投资者中的不坚定分子，交出筹码，乖乖在一个比较低的价位上清仓离开，根本没来得及赶上主力下一轮的股价拉升，从而进一步提高和垫高除了主力以外投资者的投资成本，为日后再次做高股价，打下牢固的基础。依此类推，周而复始，经过几轮涨升与洗盘后，散户的投资成本也越提越高，最终形成中小投资者和小资金持有者在高位自然而然地毫无意识地帮助主力锁仓，从而沦为主力出货时的掩护部队。

六　散户避免误入陷阱的三大方法。

股市交易中，因利益主体不同，为达获利目的，实力占优的参与者必定随时随地利用手中掌握的资源设置陷阱，然后等着对手来跳。那么，对于实力明显处于弱势的散户来说，如何才能避免误入陷阱呢？

1. 最安全的抵御方法，理解并执行"价值投资"。

但是，对于这种方法，估计有很多投资者表示反对。因为，在他们看来，中国股市并不适合价值投资。原因在于，在目前A股市场上，很难有哪家公司像可口可乐那样，值得投资大师巴菲特放心地持有几十年。是的，这种看法我也部分赞同。毕竟，中国股市还比较年轻，很多制度方面的设计远未成熟和完善，由此，也导致了A股市场被国内外投资者封了个"政策市"的名号！

不过，要特别指出的是，价值投资虽然耗时较长，且承担着持有股票可能出现退市的风险，但如果你不想花时间天天盯盘，技术也很一般，找个比较好的时间买几只业绩优秀的蓝筹股，进行长线投资还是值得一试！

2. 短线投机赚快钱，需学习必要的实战技法。

若你实在对长线捂股不感兴趣，或者认为目前A股并无值得一辈子投资的股票，而偏偏喜欢做短线，"投机取巧赚快钱"的话，就必须得学习和了解一些必要和实用的实战技法了。在本书后面的相关章节中，我将为大家介绍一些散户躲避庄家，猎捕庄家的实用战术。现在，就让我们一起开始愉快的阅读之旅吧。

或许，每个人都有自己喜欢的人生格言。但我的座右铭是："成功自古无捷径，唯有天赋加努力！"推而广之，散户在股海淘金，也只有通过虚心学习，不断进步，才有可能减少落入各种各样危险陷阱里的次数。

既然选择在波涛汹涌的茫茫股海勇敢搏击，作为"散户小鱼"需要知道：自己周围随时可能会有凶猛的大鱼频繁出没，更有可能遇到其他酷爱吃鱼的大型生物，而头顶的天空必定不会永远风和日丽，甚至经常瞬间突变。唯有在心中保持一份必要的风险意识，才会最终成为赢家。

正所谓：高手巅峰对决，仍需胆大心细。相信通过多几次冷静的思考和缜密的分析，散户完全能够有效避免跳进主力精心设置的陷阱，从而将财富增值的主动权牢牢掌握在自己手中。

3. 坚持顺势而为，不要逆势而动。

何为顺势而为？简单点讲，就是买卖股票时要依照股价的运动方向来操作，在股价上升阶段可持股跟进而不要抛出，而在股价下跌阶段果断卖出而不要买进。逆势而动则刚好与之相反。

"顺势而为"一词估计股民都听说过，也明白其浅显的道理。不过，作为新股民，由于欠缺经验，大家对这个"势"不好把握，有时还会误判形势，不知不觉中逆势而为，最后导致大幅亏损。

其实，问题的关键已经显露出来了。只要我们能明确判断目前市场和个股属于多头市道还是空头市道？坚持顺势而为就好办多了。

大盘或个股的多头市道均由多头排列形成，就是日线在上，以下依次短期线、中期线、长期线。5日、10日、20日、60日均线大多向上上升。这就表明市场处于牛市，此时可以买进持股。

反之，空头排列指的是日线在下，以上依次分别为短期线、中期线、长期线，5日、10日、20日、60日均线大多向下弯曲。这是空头市道的特征，此时顺势而为就是空仓等待。

搞清楚了什么是"势"，相信散户朋友已经明白了我所说的"坚持顺势而为，不要逆势而动"的真正含义了。

第四节　个人实战经历：
　　　　成功逃亡中国联通

Section 4

古语云：常在河边走，哪有不湿鞋。作为一名我国证券市场的见证者和参与者，我也经常会遇到庄家设置的危险陷阱！不过幸运的是，由于比较细心和谨慎，遇到类似情况，我大多能成功躲避。下面举例说明：

2008年6月3日，中国联通（600050）（见图1）刊登公告，称将以1100亿元的价格向中国电信出售CDMA网资产，其中，上市公司的用户资产价格438亿元，集团的设备资产为662亿元。同时，中国联通红筹将通过增发股份吸收合并网通红筹，对价为1股网通红筹对应1.508股新联通股份。

当时，电信重组是一个容易吸人眼球的炒作概念，加上前期通信板块中中卫国脉连续暴涨。所以，中国联通普遍被市场认为是此次重组的最大赢家，复牌后必定会有惊人表现，甚至有人认为至少有几个涨停。

6月3日当天，在早盘停牌1小时后，受重大重组利好消息刺激的中国联通毫不意外地直接以涨停价10.71元开盘。

但好景不长，开盘仅1分钟，提前埋伏其中，且获利丰厚的机构们纷纷抛股离场，蜂拥而至的巨大卖盘迅速将涨停板打开。而这场"利好出尽是利空"的"见光死"惨剧，以该股股价出现"雪崩式"大跳水而结束。至收盘时，中国联通不仅未能封住涨停，竟然反过来下跌1.54%，全天振幅高达12.63%，单日成交额也高达惊人的92.92亿元。

从后面上交所公布的数据显示，当天买入前三位的分别是东吴证券杭州湖墅南路、光大证券宁波解放南路、银河证券宁波解放南路等著名的涨停板敢死队，而且此次这三支敢死队"狂赌"中国联通，可谓志在必得。他们当天买入数量巨大，分别达到7.45亿元、2.87亿元和1.42亿元。

而导演当天中国联通高开低走的幕后推手主要来自基金。他们异常坚决地杀跌抛单，几乎将各路"游资"和无数散户杀得溃不成军。随后的几个交易日，中国联通股价继续下跌，使得6月3日当天买入的"游资"敢死队和散户被深度套牢。

面对此情此景，我已经清醒认识到：又一场机构借"利好消息"兑现获利筹码，疯狂绞杀游资和散户的好戏已经上

图1：中国联通

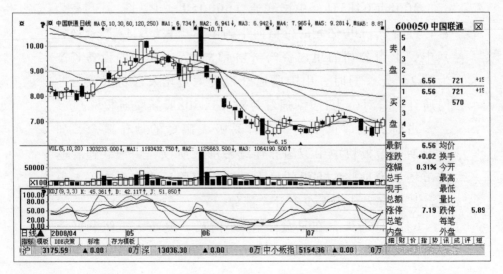

演。而在5月22日，和很多看好中国联通前景的广大散户一样，我在尾盘以9.3元的价格已经买入中国联通。6月3日午后开盘几分钟，眼看中国联通的MACD指标已经开始扭头向下，其股价反弹无力，已经下定决心清仓该股的我迅速以9.8元的价格挂单卖出。正如古话所说："一朝被蛇咬，十年怕井绳"。经此惊险一战之后，直到如今，我再也没有买入任何一股中国联通。

　　尽管此次介入中国联通并没有获得什么可观利润，甚至差点成为别人的下酒菜，但幸运的是，由于判断及时，最终成功逃离"战火"，从而避免了该股在2008年9月18日最低阴跌至3.95元的悲惨命运，基本算得上是一次胜利大逃亡。

本章简要总结：

　　庄家与散户，本来无冤无仇，但因为各自利益不同，最终成为股海战场的天然对手。作为处于弱势和守势的一方，面对强大庄家精心设置的种种陷阱，散户要想成功"突围"，并避免误入"歧途"，其实并无捷径可走。其中，扎扎实实学习一定的股票基础知识、认认真真练就一身实战技法和防御技巧，始终是解决问题的关键所在。

第二章

—奶牛场理论—

彻底消除散户不良投资习惯

第一节　什么是奶牛场理论

Section 1

　　奶牛场理论是2008年作者在国内证券界率先独创的最新理论。它的具体内容是：一个奶牛场养有100头奶牛，原来的饲料也是平均分配，大家该吃优等草时就都吃优等草，等到冬天草枯了，农场主就一视同仁地给它们吃营养不是很好的干草，有时能找到少量优等青草，也是平分给这100头奶牛。

　　虽然农场主做得很公平公正，但是他发现这样做并不能收到很好的效果，比如那些膘肥体壮的奶牛，每天都吃不够，饿得直叫，看上去个子大，产奶量却真不怎么样。但那些矮小瘦弱的奶牛呢，食欲其实并不旺盛，每天饲养员给它们那么多食物，它们还吃得非常吃力，就像人饭吃多了会感觉肚子胀，这些矮小奶牛也感觉不消化呢！只不过它们不像人类那么聪明，还会自己去找"健胃消食片"吃吃罢了。

　　农场主觉得这样下去不是个办法，他认真观察一番，看到农场里有20头奶牛体质较好，产奶量也高，而且食欲不错，属于那种"能吃能干"的类型，只要吃饱饭，从来不会辜负农场主的期望，挤奶时甚至不需要小工怎么使劲，只要把木桶放在乳头下，它们的奶汁就会"如同滔滔江水连绵不绝，又如黄河泛滥，一发不可收拾也"，喜得农场主眉开眼笑。而那些不识时务的家伙呢，就算给它们天天吃优等青草，它们也一副病快快的样子，好比大观园的林妹妹，也就是那种"产出远低于支出"的类型，用农场主简单的思维看来，对这些家伙再怎么好，终究是"吃力不讨好！"经过多日来的观察和思考，农场主调整了喂食方法，他将每天的饲料多分配给这20头奶牛，让它们猛吃海喝，希望它们能更加肥壮健康，从而从它们那里能挤更多的奶，获取更多经济效益。而另外体质较差的80头奶牛，反正它们干活并不积极主动,那就随便喂些草,只要保证不饿死即可。

但让这位农场主感到意外的是,这20头奶牛因为长期营养过剩,不但产奶不如预期,有的甚至连性命都有危险!另外80头奶牛因为长期营养不良,狠心的饲养员为了保证农场主说的"20头最金贵,80头最草根",所以不但给它们的饲料比以往少一倍,还有很多草已经发霉腐烂,存在严重质量问题!吃了这些品质低劣的草,可怜的80头奶牛,原本身子骨就有些虚弱,现在还出现了呕吐头晕现象,产奶量自然比原来更低!农场主看到自己农场里超过大半的奶牛都饿得无精打采,心里一急,赶紧重新给另外80头弱质奶牛增加营养。可如此一来,原先吃得膘肥体壮的20头奶牛一下子失去农场主的"特殊照顾",好比已经吃惯了山珍海味的阔佬,某日沦落成三餐不继的乞丐,它们自然在农场主的"偏心眼政策"下变得瘦骨嶙峋,干活也懒洋洋,不像从前那么积极产奶,预期结果自然不佳。而这位倒霉的农场主,他反复折腾的最终结果是:奶牛场总的投资收益相比以前,不但未能实现极速递增,反而同比还有所下降了。

细心的读者可能会发现,作者这一理论所讲的现象,如移植到证券市场上,正是人们最为关心,也最难决策的一个老大难问题,即:我们到底该买大市值蓝筹股呢?还是该买入中小盘股?

不过,大家必须明白一点,无论是蓝筹股还是中小盘股,并无好坏优劣之分。基于本书偏向于短线操作,所以,我更多的考量,是主力资金在不同的时间节点,容易对哪一类股票发动攻击。从交易实质层面讲,买入任何一只股票,最终目的都是为了盈利赚钱,好让自己的"奶牛场"生意更加发达兴旺。

那么,我们又怎么才能找准"奶牛场"收益衰败的原因,从而为自己在股市行进道路上点一盏明灯,迅速成长为一个"聪明且赚钱的农场主"呢?方法其实并不是难!

第二节 到底是从"二"还是从"八"

Section 2

　　毋庸讳言，中国股市开市至今不到20年，再加上股市成立初衷并不是为了让广大民众分享中国经济飞速发展的丰硕成果，而主要是为大型国企脱贫解困服务，这就不可避免地使得中国股市在游戏规则的制定方面，从一开始就产生了很多制度性缺陷和不公平的地方。如对股指和个股实施涨跌幅限制、T+1交易、交易时只能做多、无法做空、上市公司股份分流通股份和非流通股份等等。正因如此，我国股市至今仍因明晰的"政策市"烙印而饱受各界批评。

　　随着时间推移和市场需要，当中国石化（600028）、工商银行（601398）、招商银行（600036）、中国银行（601988）、中国平安（601318）、建设银行（601939）、中国神华（601088）、中国石油（601857）等大批业绩优良、成交活跃、盘子超大的国有企业陆续登陆A股市场，我国股市也开始出现"二八现象"。

一　什么是"二八现象"？

　　所谓"二八现象"，又称巴莱多定律。是19世纪末20世纪初意大利经济学家巴莱多发现的。他认为，在任何一组东西中，最重要的只占其中的一小部分，约20%，而其余80%尽管是多数，却是次要的，因此又称"二八定律"。

　　关于著名的"二八定律"，还有如下几种与股票有关的代表性说法，大家有必要做些了解：

　　股市中有80%的投资者只想着怎么赚钱，仅有20%的投资者考虑到赔钱时的应变策略。但结果是只有那20%的投资者能长期盈利，而80%的投资者却常常赔钱。

　　20%赚钱的人掌握了市场中80%正确的有价值信息，而80%赔钱的人因为各种原因没有用心收集资讯，只是通过股评或电视掌握20%的信息。

当80%的人看好后市时，股市已接近短期头部，当80%的人看空后市时，股市已接近短期底部。只有20%的人可以做到抄底逃顶，80%的人是在股价处于半山腰时买卖的。

券商80%的佣金是来自于20%短线客的交易，股民80%的收益却来自于20%的交易次数。

一轮行情只有20%的个股能成为黑马，80%的个股会随大盘起伏。80%的投资者会和黑马失之交臂，但仅20%的投资者与黑马有一面之缘，能够真正骑稳黑马的更是少之又少。

有80%的投资利润来自于20%的投资个股，其余20%的投资利润来自于80%的投资个股。投资收益有的80%来自于20%的交易笔数，其余的80%交易笔数只能带来20%的利润。

股市中20%的机构和大户占有80%的主流资金，80%的散户占有的20%的资金，所以，投资者只有把握住主流资金的动向，才能稳定获利。

成功的投资者用80%的时间学习研究，用20%的时间实际操作。失败的投资者用80%的时间实盘操作，用20%的时间后悔。

股价在80%的时间内是处于量变状态的，仅在20%的时间内是处于质变状态。成功的投资者用20%的时间参与股价质变的过程，用80%的时间休息，失败的投资者用80%的时间参与股价量变的过程，用20%的时间休息。

二　大盘蓝筹股与中小盘股

通过以上介绍，我们知道了在"二八现象"中，那些数量只占市场20%的大盘蓝筹股能对指数的升降起到80%作用。而另外数量占80%的中小盘股对指数升降仅起20%的作用。那么，到底什么叫大盘蓝筹股？什么又叫中小盘股呢？

　　"蓝筹"一词最早起源于赌场。各国赌场中的大面额筹码一般是蓝色的,后来据此引申到股市,就产生了"蓝筹股"一说。按照目前的一般定义,蓝筹股多指长期稳定增长的,大型的,传统工业股及金融股。此类上市公司的特点是有着优良的业绩、收益稳定、股本规模大、红利优厚、股价走势稳健、市场形象良好。有时,又被称为"绩优股"。在欧美股票市场,像美国通用汽车公司、埃克森石油公司和杜邦化学公司等股票,都属于"蓝筹股"。

　　而所谓的大盘蓝筹股,就比较好理解了。就是那些业绩比较优秀,流通股份数额较大的上市公司股票。虽然目前市场对大盘股的判断标准不一,但根据商务印书馆《英汉证券投资词典》的解释,大盘股主要指市值总额达50亿元以上的大公司所发行的股票。目前,在A股市场上,像中国石油（601857）、中国石化（600028）、招商银行（600036）、工商银行（601398）、中国神华（601088）等均属于大盘蓝筹股。

　　相反,人们一般将总股本在5000万至1个亿的个股称为中盘股;不到5000万规模的称为小盘股。不过,随着时间的推移,过去的大盘股和中小盘的概念也在不断变化。比如,某只股票过去是大盘股,但由于有更大规模的上市公司出现,这只股票有可能会变为中盘股。目前,已经有人将总股本大于20亿的称为大盘股,小于5亿的看做小盘股,而在5亿和20亿之间的称为中盘股。

三　学习理论和技术需要注意什么？

　　我国股市常说的"二八现象",一般讲的是经常有20%的股票上涨,另外80%的股票在下跌或横盘。此外,还指数量只占市场20%的大盘指标股对指数的升降起到80%作用。而另外数量占80%的中小盘股对指数升降仅起20%的作用。所以,在研判大盘走向和操作个股时,很多人都比较关心大盘指标股的动向。

那么，在纷繁复杂的股市中，到底是从"二"还是从"八"？具体何时从"二"从"八"？这确实是个值得广大散户朋友认真思考的现实问题。

随着全球资本市场的不断演变和发展，市场上也应运而生了很多堪称伟大和经典的投资理论。在这其中，就包括了诸如波浪理论、黄金定律、道氏理论、亚当理论、相反理论、葛兰比法则、江恩法则等等。

不过，需要指出的是，在资本市场中，任何著名的投资理论，因适用条件的限制，均不可能百分百保证在任何时候都对投资者有用。换句话说，当市场处于不同运行阶段时，假如分别同时使用不同的经典理论进行对比分析，所得到的结果必定大有差异，甚至可能完全相反。这一复杂现象就给很多投资者造成极大困扰！他们也许会问：到底是投资理论自身存在问题，还是自己具体运用时出现问题？

而事实上，理论之所以得以不断流传于世，必定有其科学合理的一面及存在理由，只不过，在操作时还是需要有很多讲究。同时，大家还需注意，无论是多好的经典理论和技术指标，只是供你进行决策参考的依据之一，千万别太过分迷信！正因如此，作者经常提醒大家，多学习些理论和技术固然是好事，可一旦进入实战操作，真正关系到账户资产的增长与缩水问题时，认真选择好，用好几个最适合自己的理论即可，而并不是"多多益善"。否则，一旦出现理论"打架"，你可能会被搞得云山雾罩，左右为难。如此一来，不是误入陷阱，越套越深，就是决策缓慢，错失赚钱良机。

了解清楚相关概念之后，大家可能要问了：那么，当一轮惨烈下跌即将到来，或者是新一轮牛市呼之欲出时，我们到底是该买入代表"二"的大盘蓝筹股，还是买入代表"八"的中小盘股呢？接下来，我将为化繁为简，为你揭示最终答案。

四 "奶牛场理论"对散户有何警示作用？

如果大家理解了作者独创的"奶牛场理论"的真正内涵，那么，无疑将对那些喜欢一会儿买"八"，一会儿选"二"，整天忙着杀进杀出，到头来却搞得资产不断缩水的散户朋友产生巨大警示作用。

实际上，只要大家按照作者提供的方法进行研判分析，即可在市场的涨涨跌跌中为自己找到何时买入哪类个股相对安全，更为赚钱的充分理由。

方法举例如下：打开股票软件，我们可以看到上证指数从2008年最低点1664点开始触底反弹，到2009年8月4日的阶段性高点3478点，上涨幅度为109%，而最能代表"二"（即大盘蓝筹股）的中证100指数，同时期涨幅为126%，而代表"八"（即中小盘股）的中小板指数，同时期涨幅高达137%。通过以上粗略比较，我们不难发现，A股市场开始于2008年10月底的本轮小牛市，如果投资者能对行情有个清醒认识，提前买入成长性较好的中小盘领涨股（如川大智胜，本轮反弹最大涨幅高达286%），其投资收益将要比买入大盘蓝筹股（如工商银行，本轮反弹最大涨幅不过65%）好得多，有的甚至高出好几倍。

第三节　彻底消除散户不良投资习惯

Section 3

我们知道，在人类发展的历史长河中，任何经济活动或投资，必然是风险伴随着收益。炒股也不例外。而且，相信凡是开户炒股的人，肯定在证券公司、财经报纸、电视节目中经常看到"股市有风险，入市需谨慎"这样的特别告示。这就清楚表明，投资股市，本身就意味着高风险和高收益。倘若没有风险，也就不会有人轻率把股市看做是"赌场"了。

而变化莫测的股票市场中，对于那些喜欢做短线的散户投资者而言，在恰当时机选择"二"或"八"的问题可以通过不断学习得以解决。但最难的，却是他们很难改变自己的一些不良的投资习惯。

一　散户有哪些不良投资习惯？

客观来说，散户的不良投资习惯有很多，但经过细致总结，以下几点表现得比较突出。

1. 跟着别人屁股追。

什么意思？炒股这玩意儿，最忌讳的，最容易导致自己吃亏的，就是缺乏主动性，缺乏独立判断。很多经验不足的新股民，看到身边亲戚朋友说哪只股好，或者庄家故意泄露一些消息，就不问青红皂白杀进杀出。要知道，跟着别人屁股追，就好比把自己的性命交给别人，极其危险。

2. 经常追涨杀跌。

在交易时，看到哪只股涨得猛，不管三七二十一，先追进去再说。而当市场突然下跌时，也不做太多思考，跟着别人杀跌离场。这种因为思考不周，结果落入庄家圈套是常有之事。

3. 老是举棋不定。

面对市场的波动起伏，一些散户感到很迷茫。买吧，担心过于冒进，心情紧张。不买吧，眼看着选中的股一路走高，心里更加难受，于是，举棋不定成为散户最常见的问题之一。其实，我们说谨慎小心，并不代表永不交易，否则，利润从何而来？

4. 一味贪得无厌。

既然买股是为了赚钱，那么追求利润最大化当然没有问题。但问题在于，很多散户手里的股票已经赚了不少，并且主力已经开始大肆出货，可仍然希望它再涨一两倍才撒手。有时，甚至稀里糊涂地把人家在高位出货看做是中途休整，总认为后面还会继续上涨。贪得无厌的后果通常是"竹篮打水一场空"。

5. 频繁换股操作。

再牛的市场，也有下跌股，同样，再熊的市场，也有上涨股。一些散户明明看好某只个股，此前也做了充分研究。可一旦买入时机不对，发现目标股老是不涨时，就会心急如焚。等他好不容易下定决心抛出筹码时，突然发现刚刚卖出的股票一骑绝尘。于是，在懊悔不已的情绪中，重新卖掉新股，在高位接回原来的筹码。但是很不幸，如此频繁地杀进杀出，不但赚不到什么钱，倒给券商贡献了不少佣金和手续费。

6. 专炒低价个股。

众所周知，目前A股市场上有1800多只股票。在这其中，有高于100元的高价股，如贵州茅台（600519）。也有低于5元的低价股，如青山纸业（600103）等。很多散户为了所谓的控制风险，专炒低价股。殊不知，这种思维实际是陷入了一个误区，并不存在买低价股就一定安全的说法。因为，股市的规则对任何一只股票是一样的。比如，假定你投资1万元，某个时间的贵州茅台为100元一股，那么，你可以买入1手。如果某天贵州茅台涨跌5%，你当天的盈利或亏损均为500元。同理，假定你还是投资1万元，某个时间的青山纸业5元一股，那么，你可以买入20手。如果某天青山纸业涨跌5%，你当天的盈利或亏损还是为500元。也就是说，专炒低价股，最多只带来心理上的一点安慰，并无实质意义。

二　如何彻底消除散户不良投资习惯？

虽然运用"奶牛场"这一简单方法，只能为散户投资者解决举棋不定和频繁换股两大毛病。不过更重要的是，通过反复操作取得"赢多亏少"的战绩后，能够帮助散户树立自己的信心。

当然了，要想彻底消除散户的不良投资习惯，必须做到以下两点：

1. 用脑炒股，摒弃莽撞或恐惧。

大家都知道，炒股是个技术活。在实战中，虽然有时运气能够暂时主导结果，可更多的时候，有无较强的看盘能力、分析技巧和选股水平，才是交易成败的关键因素。但令人遗憾的是，每当我们遭遇庄家的围追堵截时，要么是被别人故意激怒，从而失去理智。要么是被市场惊吓过度，而出现恐惧心理。之所以出现这两种极端，根本原因是你没有坚持用脑炒股，而是由情绪左右行为。

如果不摒弃莽撞和恐惧，将极其危险。要知道，用脑思考可以使人理性，并做出正确的决策。而不稳定的情绪则容易导致错误操作。

2. 要有承担一定亏损的能力和心理准备。

股市是什么？有人说是资金和勇气的"竞技场"，因为这里每天都会创造财富神话，也会留下斑斑泪水。有人说是"赌场"，虽然肯定不能将股市简单视同于赌场，但两者之间确实有很多相似之处。其中，最为明显的特征，就是盈利或亏损，所花费的时间很短，幅度很大。对于那些大资金而言，转眼之间，赚回一栋豪宅或者亏掉一辆宝马汽车可以说是毫不稀奇。因此，既然投身股市，就不要老期望赚钱。有时，你必须要有承担一定亏损的能力和心理准备。

只有你心态平和了，才不会因急于以小搏大或患得患失，滋生出致命的投资坏习惯。

在此，我再次强调，股市战法纵有成百上千，可如果你不加思考，一味生搬硬套，又或者囫囵吞枣，全是一知半解，则只会徒增烦恼，并不会为你带来一毛钱的实际收益。由此，通过活学活用"奶牛场理论"，久而久之，必定会促使或启发散户朋友开动脑筋，最终形成一套更适合自己的独特投资方法，尽早摆脱"光赚指数不赚钱"的怪圈，早日走上"既赚指数又赚钱"，甚至是远远"跑赢大盘"的康庄大道。

第四节　个人实战经历：
短兵伏击青岛双星

Section 4

此前，由于经验不足和操作方法不对，对于何时买大蓝筹股，何时买小市值股，我同样也是无所适从，生怕一旦判断错误，不但导致财富缩水，还会打击到自己本就脆弱的信心。但自从总结出"奶牛场理论"之后，我的选择就轻松了许多。

2009年8月4日，尽管以美股为代表的外围市场屡创反弹新高，但受媒体连续报道称"央行下半年即将'微调'信贷政策、新股加速扩容、创业板即将开闸"等系列重大利空消息沉重打击，从2008年10月底正式启动的一轮小牛市终于冲高无力，见顶回落。随即，空头部队开始大开杀戒，多头部队几次组织反击均告失败。前后不过短短半个月时间，沪深两市股指竟然双双跌去20%。而带动大盘快速下跌，造成市场恐慌加剧的罪魁祸首，正是前期表现较为强势，此刻正饱受利空消息打压的金融类大盘蓝筹股，如中信证券、中国银行、招商银行等。

面对大盘的非理性连续下挫，根据多年来对宏观政策的跟踪研究，以及政策敏感期的热点板块切换特征，我认为，本轮大级别调整的突然来临，并不是单纯的市场波动。而应是管理层为抑制股市过度发烧，避免再度重复2007年的疯狂而有意采取的连环降温措施。据此判断，我坚信在接下来的一段时间，此前一路高涨的乐观市场情绪必将逐步被观望和谨慎取代，成交量也将大幅萎缩，而投资者群体心态的被动转变，将导致市场热点转向平日不受重视的冷门板块。因为市场交投意愿下降，此刻的庄家大多无力对业绩优秀的大盘股发动攻击。相反，那些盘子不大的中小盘股将成为他们肆意玩弄的对象。

果然，8月6日和7日，大盘延续跌势并加速跳水，但我发现轮胎股青岛双星（000599）（见图2）最低探至6.50元，即60日均线附近时得到强力支撑，而且大盘的多日糟糕表现似乎也未拖累青岛双星下行。

经过一番仔细分析之后，我认为青岛双星之所以如此抗跌，必定有主力已经提前埋伏其中，并随时伺机拉升。为了不错过一次难得的机遇，我决定半仓伏击青岛双星，与庄家打一场短兵对接战。

8月7日下午临近收盘时，眼看介入时机成熟，我果断以每股6.55元买入青岛双星，然后静观其变。随后两个交易日，随着大盘有暂时企稳迹象，庄家开始以小阳线试盘。此后两天，该股股价再度回落，但还是在60日均线处得到支撑。8月17日，大盘跳空低开，但青岛双星在早盘小幅高开后，却迅速狂拉，当日更是以涨停报收，从而拉开连续狂涨

图2：青岛双星

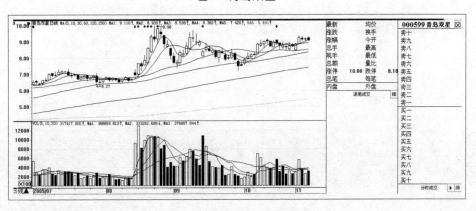

之路。

8月24日，多头部队继续反攻，但无奈量能不济，沪深大盘依然反弹无力，最终受阻于10日均线。为见好就收，保存胜利果实，8月25日，早上一开盘，我便以9.18元的当日开盘价成功卖出。虽然未能卖在当日最高价9.98元，但在大盘持续下挫、个股普跌的恶劣情况下，能在青岛双星这只中小盘股身上轻松获利40%，已属个人短线操作的经典战例。

可能很多朋友要说："你买股时没有买在当天最低价，卖股也没有卖在当天最高价，技术算不上一流嘛！"是的，我承认自己不是一流高手。但我还是要提醒大家：如果你老想着抄底抄到最低价，卖股卖在最高价，那么，这种想法可能会害死你！因为除了神仙，没有凡人能做到这一点，而神仙又是根本不存在的。所以，请记住：做股票，能吃掉最为美味的那段鱼身已经相当不错了，千万别妄想一口把整条鱼全部吞下！

本章简要总结：

众所周知，因为便于大资金进出，机构大多喜欢操作属于"二"类的大盘蓝筹股。而作为散户，由于资金较小，具备"船小好掉头"的特殊优势，至于何时选择出击大盘股还是小盘股，就没那么多顾虑了。不过，为了尽可能地提高获胜概率，最大限度降低亏损风险，好好参悟一下"奶牛场理论"的精髓，对新手而言还是很有裨益的。

第三章

Chapter 3

―虎猫变老虎―

拨开资产重组背后的神秘面纱

第一节 虎猫摇身一变成"国宝"

Section 1

在一个大城市的某宠物市场，李姐和王姐因为店铺开在一起，你来我往，两人也就成了生意上的伙伴和无话不谈的好朋友。

有一天，李姐从网上查到，有一种新的宠物叫虎猫，主要产于美国的得克萨斯州到阿根廷北部的美洲地区。成年的虎猫身长30～90厘米，不包括30～40厘米长的尾巴，肩高45厘米，体重11～16千克。雌虎猫体型比雄的小。虎猫背上的颜色有白色、茶色、黄色和灰色多种，头上有小黑点，脸颊上有两条黑带，背上有四五条纵向的黑色条纹，身上有像链条一样的黑色图案，腹部呈白色，上面有黑点，尾巴上也有黑色的条纹和斑点。因为长相很像幼年老虎，虎头虎脑的，很是惹人怜爱，因此虎猫已经成了欧美发达国家很多家庭的宠物。

两人经过反复商量和论证，认为虎猫远比什么狗啊，蛇啊，蜥蜴等，这些传统宠物更有市场，况且国内还没有人引进，说不定啊，未来这虎猫会大行其道，成为中国家庭最时髦的宠物呢。不过，考虑到虎猫毕竟是新生事物，为了降低风险，两人决定只是分别购进10只，成本价每只300元。

但让两人感到极其郁闷的是，虎猫引进后，并未像她们期待的那样大卖热卖。相反，时间过去了一个月，门庭冷落无人问津，一只都没有售出！

这下两人急了，心想这样下去也不是办法。可思前想后，始终找不到出奇制胜的绝招。无奈之中，两人每天只有唉声叹气。

为了活跃气氛，赚点人气，有一天，李姐对王姐说："反正咱们闲着无事，要不，我们玩个游戏，打发打发时间！"王姐，刚开始并无兴趣，但耐不住李姐的再三邀请，也只得表示赞成。

于是，游戏开始了。规则很简单：第一天，李姐花300元钱买王姐一只虎猫，王姐也花300元钱买李姐一只虎猫，并进行现金交付。

第二天，李姐花400元钱买王姐一只虎猫，王姐也花400元钱买李姐一只虎猫，依然进行现金交付。

第三天，两人将每只虎猫的价格提升到500元。

实际上，两人自娱自乐的游戏纯粹是为了好玩，谁都没有从对方那里赚到一分钱。但李姐和王姐的无聊游戏，正好被到处寻找商机的大商人龙四看在眼里。眼看虎猫的价格被两人拉高到500元一只，精明的龙四在心里把小算盘一扒拉，立即计上心来，并下定决心介入虎猫生意。

不过，为了便于日后顺利出货，他先是找到了李姐和王姐，如此这般交代了一番，并特别提醒，为了表明这种动物的稀缺性，两人的店里每天均只展示一只虎猫。然后，他再找到了宠物专家大胖暗中出面帮忙。

又过了一天，精神抖擞的龙四带着一大帮人，笑呵呵地来到李姐和王姐的店铺前，张口就以每只800元的价格对虎猫进行无限量收购。

正在这时，市场内所有摊主都认识的权威专家大胖“不经意地”路过现场，经过一番摇头晃脑的专业评估和测算，他给出了每只虎猫1600元的“目标价”。

随着现场聚集的人越来越多，有人对大胖提出质疑：“你不会是哄人的吧？这玩意能值多少钱啊？”

只见大胖呵呵一笑，高声道：“大家有所不知，你们仔细看看，这是普通宠物吗？根本不是宠物！而是国家一级保护动物华南虎的幼仔。华南虎可是我国唯一的本地虎种，堪称‘国宝’！历史上曾经广泛分布在我国华南、华东和华中等地区的山区林地之间，有时也被国外称作中国虎。但据最近一次调查显示，作为当今世界仅存的五个老虎亚种中数量最少的中国华南虎，已经走到濒临灭绝的边缘，目前野外存活数量总共不到30只。而现在展示的这两只，可称得上是绝无仅有的珍贵品种。"

听大胖这么一说，大家纷纷抢着抱起这两只小家伙仔细观察。你还别说，从它的眼睛、斑点、尾巴、毛色、体型等方面比较，还真和小老虎完全一样呢。

眼看围拢过来的人（其中包括很多附近的店主）越来越多，大胖清清嗓子，假装"不小心地"透露："此外，我还听说一家专门进行人工老虎饲养的大集团将控股李姐和王姐的店子。按照协定，两人的老虎所生的幼虎将直接被这家大公司回购。至于收购价格，每只应不少于2000元。"

这等"爆炸性"消息，经过市场上的大爷大妈们口口相传，再加上闻风而动的媒体大肆渲染，前来看和买"华南虎幼仔"的人是越来越多。由于李姐和王姐故意对每日售出数量严格控制，很多人因为买不到"虎仔"还骂骂咧咧扫兴而归。

就这样，经过龙四和大胖的联合包装炒作，原本默默无闻的两个虎猫铺面居然声名大噪，货源一下子也变得供不应求。随着价格节节攀升，所有参与购买的人都非常高兴。因为，他们确信，自己手里持有大伙公认的优质资产——"华南虎幼仔"！

终于有一天，一位心态谨慎的人开始担心起来："不对，我总感觉心里不踏实。大伙想想，这华南虎属于国家一级保护动物，政府明令禁止买卖。这'华南虎幼仔'怎么可能那么容易买到呢？我估摸着其中有鬼呀。"

这时，已经吃得脑满肠肥，打着酒嗝的大胖正好路过现场，当他看到1500元每只的虎猫已经无人敢买，于是慢条斯理地说："这玩意儿不就是普通虎猫吗？再怎么也只值400元一只嘛。……哎呀，上次关于有大集团收购李姐和王姐的店子一事，我也是误听他人传言，实在对不起大家啊！"说完，他拱手哈哈一笑，钻进一辆高级轿车一溜烟就闪人不见了。

听了这位权威专家前后矛盾的评价，此前一直坚挺不倒的虎猫市场开始出现恐慌性杀跌抛售。没过几天，经过几轮跳水打压，人们突然发现每只虎猫的价格竟然直逼300元大关。

一阵异常热闹的喧嚣过后，原来高价追买，甚至是改行携巨资进入的店主气得号啕大哭："这明明就是普通的虎猫嘛，哪里是什么狗屁优质资产啊？唉，要怪全都怪我们自己贪图赚钱快，没看清陷阱就急着往下跳。"但事已至此，后悔又有何用？

第二节　黑乌鸦是怎样"蝶变"成金凤凰的

Section 2

以上这则故事你也许没有听说过。不过，故事好不好听并不重要。最重要的是，如果你仔细读完之后，突然有一种恍然大悟之感的话，那么恭喜你，说明你已经看懂了这个故事所要表达的真正内涵。

下面，我们就对整个故事进行抽丝剥茧，看看相关利益攸关方（上市公司大股东），是如何配合庄家，将一只原本让人厌恶的黑乌鸦变成人见人爱的金凤凰，从而成功实现套利资金的"乾坤大挪移"的！

一　当虎猫刚被引进时，犹如冷门股无人问津。

当虎猫刚被李姐和王姐引进市场时，交投异常清淡，生意差到极点。这就好比一只冷门股，每天的交易量很小、换手率低、流通性差，股价一天的价格变动不过区区几分钱，自然无人问津。

普遍的冷门股要题材没题材，要业绩没业绩，要人气没人气。所以，平日里无论机构还是散户，一般都对其弃而远之，较少有人愿意买入而经受长时间横盘的折磨。不过，正是因为这类"五无概念股"（即在股本结构中无国家股、法人股、外资股、内部股、转配股）的所有股份全部是社会公众股，可以全流通，一旦时机成熟，反而让那些有独到眼光的庄家炒作起来更为方便。所以，以辩证的观点看，冷门股里也有金元宝。比如，2009年第一季度，基金大力一改过去独爱蓝筹股的传统观点，大批介入冷门股甚至ST股，其挖掘冷门股的力度之大超出市场想象。据相关资料统计，一季末共有三只ST股进入基金前十大重仓股之列。其中2008年成立的新世纪成长一季度买入25.37万股ST绵高（600139，现已改名西部资源），成为其第八大重仓股；同样是2008年成立的华安核心看上了ST万杰（600223，现已改名ST鲁置业），一季度买入近160万股，成为其第九大重仓股。而今年表现突出的金鹰中小盘一季度买入220万股ST有色使之成为第六大重仓股。

当前A股市场的明星基金经理王亚伟以挖掘冷门股著称，其管理的华夏大盘精选和华夏策略在2009年一季度同时买入了10只冷门股，包括*ST昌河（600372）、天保基建（000965）、中航精机（002013）、海南高速（000886）、陕国投A（000563）、胜利股份（000407）、吉林森工（600189）、浙江阳光（600261）、中恒集团（600252）和浙江东日（600113）。其中*ST昌河、中航精机和浙江东日为王亚伟独自买入。由此可见，所谓的冷门股是个相对概念，而非绝对概念。在一定条件下，二者角色可以随时转换。

二　随着庄家龙四介入，虎猫市场出现急速变化。

从精明的龙四先仔细观察，再左右连横，后果断介入等系列动作看，他应该属于那种来去快如流星，赚一把就走，绝不恋战的狡猾短庄（关于短庄、中庄、长庄，第7章有专门介绍，此处不再展开）。一只冷门股或冷门板块，在没有大资金关注之前，一派死气沉沉的样子。可一旦庄家进入，原先平静的氛围就会被打破。就像随着龙四的出现，虎猫市场立刻出现翻天覆地的变化。

在股票市场上，短庄之所以持续时间较短，是因为其前期准备不充分，手中所控制的筹码也不多，所以不具备打持久战的条件。为求速战速决，短庄喜欢用较短的时间，快速拉高，急速造势，等其他人明白过来，摩拳擦掌准备进场时，庄家已经狠赚了一把，正想方设法把手里的筹码倒给别人。

短庄如此精于算计，不但很容易骗到散户，有时"长庄"也难逃他的华丽伎俩。那么是不是我们看到"短庄"就该躲开呢？也不一定。

俗话说得好："最危险的地方反而最安全！"并且"背靠大树好遮阴"，散户如果善于短线出击，及早发现并搭上短庄这艘客船，只需三至五个交易日即可斩获不俗收益。比如，有种被股民俗称为"大鳄"的短庄，他们要操作某只股票时，其股价走势完全可以用"摧枯拉朽，风卷残云"来形容，建仓、洗盘、拉升、出货几大步骤一气呵成，决不拖泥带水。

三 "股评黑嘴"大胖横空出世，对虎猫进行"华丽包装"

尽管一些实力雄厚的庄家依靠自己的力量也能成功获胜。但大部分庄家对"人靠衣服，马靠鞍"的道理还是懂的。因此，在运作某只股票过程中，他们总会拉进一些"股评黑嘴"配合帮衬，以便在拉升时有人帮着抬轿，在出货时有人接盘。

在上面的故事里，随着权威专家大胖的横空出世，并对虎猫进行"华丽包装"，整个市场激情被完全点燃。正如市场上某只此前一直被人冷落的绩差股，忽然一夜之间，却连续爆出新技术开发、资产重组、外资收购等重磅利好消息。受此刺激，股价就是连封十几个，甚至几十个令人眼热心跳的涨停也不在话下。说起ST金泰，相信大多数投资者都很熟悉。这家因所谓的收购题材和资产重组，曾经连拉42个涨停和7个跌停的上市公司，可以说创造了A股市场涨停和跌停之最。由此可见，尽管中国证券市场的监管水平不断提高，发展也日趋成熟，但"乌鸦变凤凰"的不败神话，仍然不断上演！

经过对绩差股进行"华丽包装"和隆重推出后，早已吃饱喝足的庄家只剩下最后一步如何锁定利润，干净利索地脱身。明白了这一点，那么，今后每当我们看到某只曾经遭人白眼受尽冷落的股票猛然间成为"涨停先锋"时，一定要告诉自己"先深呼吸一口，稳定稳定情绪，再认真揣测狡猾庄家的意图"，因为你只有比对手想得深一步远一步，才能真正击败对方！

四　虎猫价格终于回归价值，散户成为最后埋单者。

我们知道，天下任何事情都讲究个度，过犹不及的道理人人都懂。证券市场也一样，任何危险的疯狂炒作，就像吹美丽的肥皂泡，吹到极限的结果自然是先膨胀，后炸裂。

原本低廉的普通虎猫，其价格被不断推高和扭曲的结局，仍逃不脱回归价值之路。在这场资本市场的惨烈战斗中，除了李姐和王姐、龙四、大胖相互配合，四个利益攸关方赚得盆满钵满之外，其余跟风入场者自然全是套牢一族。

尽管随着我国资本市场不断发展壮大，其监管也日趋完善和规范，此前一度猖獗的违法乱纪黑幕得到一定抑制。但为了攫取巨大的经济利益，始终有一些上市公司及大股东，心甘情愿地配合庄家，颠倒黑白，弄虚作假，昧着良心故意将"黑乌鸦"变成"金凤凰"，从而引诱大量不明就里的中小投资者进场，让散户成为最后的埋单者！

第三节 散户如何看穿
"假重组，真双簧"的把戏

Section 3

在每年各大电视台的春节联欢晚会上，相信很多人都看过一种由相声演员演出的曲艺节目，名曰"双簧"。这种节目样式由一人在前面表演动作，另一个人藏在后面或说或唱，两人紧密配合。从整体性看，好像前面的演员在自演自唱一样。

"双簧"作为一种节目，是由慈禧太后定名的。据说早年有位北京唱单弦的曲艺艺人叫黄辅臣，他唱的单弦曲艺小段，不仅声音洪亮，抑扬顿挫韵味十足，而且动作精湛得体，内容风趣幽默，很受西太后赏识，当然常召进宫去为她表演解闷。

在现实生活中，人们经常会把两个人的一唱一和比喻为唱"双簧"。

而在证券市场上，市场各方为了最大限度追逐利润，形形色色的"双簧"可谓各式各样，名目繁多。这其中有私募基金联合上市公司联手炒作股价的，有机构拉拢股评黑嘴胡吹借壳上市的，有主力勾结不良媒体或记者忽悠股民的。当然了，尽管演"双簧"的方式有很多。但资产重组的题材炒作，无疑是我国股市的一大奇观，因为打着真真假假的所谓资产重组旗号，最易催生令人叹为观止的"超级黑马"。

下面，我们就来了解一下资产重组的概念、战略目的及存在问题。

一 何为资产重组？

既然谈到资产重组，大家有必要了解其含义。目前在国内所使用的"资产重组"的概念，早已被约定俗成为一个边界模糊，表述一切与上市公司重大非经营性或非正常性变化的总称。在上市公司资产重组实践中，"资产"的含义一般泛指一切可以利用并为企业带来收益的资源，其中不仅包括企业的经济资源，也包括人力资源和组织资源。资产概念的泛化，也就导致了资产重组概念的泛化。

正因如此，关于资产重组至今都无明确定义。目前国内对资产重组的定义高达几十种，其中以下几种比较流行。

1. 从资产的重新组合角度进行定义。

有人认为资产是企业拥有的经济资源，包括人的资源、财的资源和物的资源。所以，资产重组就是对"经济资源的改组"，是对资源的重新组合，包括对人的重新组合，对财的重新组合和对物的重新组合。还有人认为，资产重组不仅包括人、财、物三个方面的资产重新组合，而且还应当包括进入市场的重新组合。

2. 从业务整合的角度进行定义。

资产重组是指企业以提高公司整体质量和获利能力为目的，通过各种途径对企业内部和外部业务进行重新整合的行为。

3. 从资源配置的角度进行定义。

有人认为，资产重组就是对存量资产的再配置过程，其基本含义就是通过改变存量资源在不同的所有制之间、不同的产业之间、不同的地区之间，以及不同企业之间的配置格局，实现产业结构优化和提高资源利用率目标。与此同时，也有学者进一步扩展了资产重组概念，认为资产重组涉及两个层面的问题：一是微观层次的企业重组，内容主要包括企业内部的产品结构、资本结构与组织结构的调整，企业外部的合并与联盟等。二是宏观层次的产业结构调整，产业结构调整是较企业重组更高一级的资源重新配置过程。

4. 从产权的角度进行定义。

企业资产重组就是以产权为纽带，对企业的各种生产要素和资产进行新的配置和组合，以提高资源要素的利用效率，实现资产最大限度地增值的行为。而有人甚至认为资产重组只是产权重组的表现形式，是产权重组的载体和表现形态。

应该说，以上几种定义从不同的角度对资产重组行为进行了定义，表述各有特点。但总的来说，上述定义存在着概括性不强、概念的内含和外延不明等缺点。

通过比较分析，我觉得下面的定义更为准确。所谓资产重组，是指企业改组为上市公司时将原企业的资产和负债进行合理划分和结构调整，经过合并、分立等方式，将企业资产和组织重新组合和设置，促进企业资源配置和效率提升。

资产重组有狭义和广义之分。狭义的资产重组仅仅指对企业的资产和负债的划分和重组。广义的资产重组还包括企业机构和人员的设置与重组、业务机构和管理体制的调整。

二 资产重组的主要方式。

资产重组可以采取多种途径和方式。在欧美发达国家，资产剥离和购并是资产重组的两种基本形式。资产剥离是指将那些从公司长远战略来看处于外围和辅助地位的经营项目加以出售。购并主要涉及新经营项目的购入，其目的是增强了公司的核心业务和主营项目。企业资产重组过程往往伴随着资产剥离和收购兼并活动的同时进行。

而在我国，随着社会经济的不断发展和企业改革的日趋深化，资产重组的方式可以说是多种多样，因为资产重组所带来的问题也层出不穷。

资产重组的方式主要有：

1. 资产剥离。

公司将一部分质量较差（或较好）的，不适合经营的资产出售给第三方（或作为出资与其他发起人共同发起设立股份公司），这些出售（或出资）的资产可以是有形资产或无形资产，也可以是整体的子公司、分公司或其他分支机构。剥离方式主要有向其他公司出售资产、管理层收购、职工持股计划以及与其他公司共同设立股份公司等。

2．割股上市。

母公司将其拥有的一家全资子公司的部分股权向社会出售并将该子公司上市。一般情况下，母公司常会保留对该子公司处于绝对控股地位的股权。

3．公司分立。

一个企业依有关法律及法规规定，分立为两个或两个以上企业。原公司是否存续可分为存续分立、解散分立。存续分立系原公司仍保留法人资格，分立出去的资产作为出资与其他发起人共同设立公司；解散分立系原公司撤销，原公司分为两个独立的法人实体。

4．股份回购。

股份公司由于经营规模小，产生资本剩余后通过一定途径购买回本公司发行在外的部分股权的行为，是通过减少公司的股本来调整公司资本结构的重要手段。

三　资产重组的主要战略目的

1. 包装公司利润，争取新股发行额度，提高新股发行价格。

发行股票并上市是许多公司企盼的一种融资方式，但由于我国在相当长一段时间内对新股发行实行额度计划管理，资源量极为有限；《公司法》及国家有关法规在上市条件中对盈利性的要求十分严格，且我国目前公司数量非常大，融资渠道有限，为争取这一难得的十分有效的融资渠道，公司不得不进行利润包装。此外，由于我国证券市场发行新股的价格是以每股税后利润为基础确定的，因此公司在取得上市额度后，为充分利用新股发行募集到更多资金，在股票发行数量受到限制的情况下，唯一可行的办法就是提高新股的发行价格，以争取更多的募集资金量，这就必须提高每股税后利润，这样公司也不得不进行利润包装。

资产重组是一种有效的利润包装方法。公司通过资产剥离方式将丧失盈利能力或盈利能力不强、行业前景不佳的不良资产出售或置换给母公司。从而达到优化公司资本结构、提高剩余资产及置换后拥有优质资产盈利能力的目的。另外通过公司分立方式也可达到包装利润的目的，公司有意识地对下属资产进行筛选，从中挑选出盈利能力强的资产进行整合，然后将整合后的资产作为优质资产进行上市。

2. 提高公司净资产收益率，确保公司再融资资格。

公司上市后可利用资本市场融资优势，以向社会进行配股、增发新股、发行可转换公司债券等方式进行再融资。但再融资行为受到国家严格的政策限制。

运用资产重组方式可提高公司的业绩。目前上市公司大部分通过资产剥离方式，将不良资产通过关联方特别是通过与母公司之间的关联交易进行出售，同时将能力强的资产换入公司以达到提高公司业绩的目的。

3. 突出主业，剥离非相关业务，提高上市公司形象。

按照中国证监会对拟发行股票并上市的公司"主业突出"的要求，上市公司为在证券市场上树立良好形象，争取股票发行期间冻结更多资金以便取得更多利息收入，或创造市场炒作的良好环境，往往挑选盈利水平高、发展前景好的资产进行重组。

4. 挽救面临摘牌的上市公司。

许多上市公司由于改制不彻底、经营不规范、市场环境变化等原因使公司生产经营陷入困境，面临摘牌危险。而通过资产重组将不良资产剥离出去，将优质资产注入上市公司，可以迅速改变上市公司的资产结构和经营业绩，走出被摘牌的困境。

5. 满足公司的资金需求。

公司有时为扩大主营业务、偿还债务等急需大量资金，而通过贷款、发行股票、配股等方式筹集资金也可能有一定困难。如果公司采用资产重组，出售一些与主业不相关的非核心资产，一可以优化产业结构，二可以筹措资金满足公司发展。

四 资产重组存在的问题。

资产重组如运用不当，所产生的负效应对企业的损害也相当大。因此，应注意以下几个方面。

1. 应逐步减少政府行为，资产重组由企业按市场规律来运作。

我国上市公司多数是由国企经过股份制改造获得上市资格的。政府作为上市公司的大股东，是国有资产的所有者。政府介入上市公司资产重组固然对于增强重组协调力度，降低资产重组交易成本有积极意义，但资产重组是一种市场行为，企业重组能否达到预期目的，完全取决于企业的市场理性。政府介入资产重组不可避免地带入行政色彩。

2. 资产重组应保证资产的完整性。

按国家有关规定，上市公司出资人投入的实物资产在评估、审计后，对其净资产按不低于65%进行折股。在折股率一定的情况下，资产越大，折股数越多；而折股数越多，就会摊薄每股收益，相应降低股票发行价格。为了追求募集资金最大化，上市公司都尽可能将资产剥离到极限，有的上市公司将作为完整生产系统所必需的资产都进行剥离。这就使其成为一个不完整的，畸形的，极不规范的和不具备独立面向市场能力的上市公司。

3. 警惕有失公平的关联交易。

一个规范的上市公司应具备独立的生产经营能力，对不可避免的关联交易应按市场原则由关联双方以平等方式进行。目前有相当多国有控股的上市公司产生大量关联交易，除国有股股东一股独大的特殊地位是其产生的主要原因外，也与上市公司成立时资产过度剥离，上市公司先天不足有直接关系。与大股东大量、频繁，甚至有失公平的关联交易发生，会对上市公司产生不良影响。

A.中小股东合法权益受到严重损害。

由于国有控股股东在上市前会将效益好的资产重组后注入上市公司，而剩余的资产则效益较差，难以出售，人员的精减又受到各种限制，这就使这部分资产的经营变得十分困难。这样大股东就会自觉或不自觉地利用关联交易不断从上市公司抽血，以此来维持其不良资产的生存。上市公司的利益由大股东随意侵犯，而作为中小股东就只能望尘莫及。

B.上市公司经营业绩严重不实。

大股东为达到将上市公司作为其在资本市场"提款机"的目的，通过关联交易调整上市公司利润。如果其需要资金进行再融资，就通过关联交易将上市公司利润做大，待圈钱完毕，上市公司马上原形毕露，经营业绩迅速下降。这种人为操纵利润的行为，必然影响广大中小投资者的投资热情，动摇证券市场的基石。

4. 税收增加，企业利益流失。

企业发行股票进行资产重组造成所得税增加主要体现在两个方面。首先由于上市公司成立前在母公司母体之中，优质资产产生的利润与劣质资产的亏损相抵，企业整体盈余不大，实现的所得税也较少。但优质资产组成具备独立法人的上市公司成立后，利润大大增加，为纳税主体，其缴纳的所得税大幅增加。另外， 由于绝大多数企业上市前进行资产评估，而评估的增值部分也要缴纳所得税，这样也造成纳税额增加。

5. 会计主体混乱，影响会计资料的真实和完整。

由于资产过度剥离，上市公司没有形成完整的生产经营系统，在一些与关联方发生有关费用的确认、划分方面造成难度。

6. 控股公司与上市公司相互牵制，导致双方均难发展。

国家有关法律、法规规定，上市公司的上市标准为三年平均净资产收益率达到同期银行存款利率以上，同时规定国有企业资产重组后，可按重组后的资产计算净资产收益率。但由于上市公司与控股公司资产质量相差悬殊，控股公司为了生存会采用各种手段侵犯上市公司利益，如占用上市公司的资金等方式，后果是上市公司与控股公司都得不到较好的发展。

为了规范企业上市前的重组行为，2008年5月底，中国证监会发布了《〈首次公开发行股票并上市管理办法〉第十二条发行人最近3年内主营业务没有发生重大变化的适用意见——证券期货法律适用意见第3号》（简称《适用意见》）。《适用意见》规定，发行人报告期内存在对同一公司控制权人下相同、类似或相关业务进行重组的，应关注重组对发行人资产总额、营业收入或利润总额的影响情况。其中，文件规定，重大重组一年内不得IPO。应该说，该意见的出台，是对市场深恶痛绝的"假重组"贴了"严打"标志。

不过，俗话说得好："上有政策，下有对策。"特别是每当年末岁尾，上市公司的重组公告就纷纷出炉，各种股权转让、资产置换和关联交易等令投资者难以分辨。因此，每年年报出台之际都会涌现出不少"乌鸦变凤凰"的重组神话，诞生一批"报表英雄"和"黑马明星"。不可否认，确实有许多公司通过重组得以脱胎换骨，但更多的公司则是希望通过重组手段调节利润、粉饰报表，以达到保牌保壳等不可告人的目的。基于此，相关利益攸关方彼此配合，大玩"假重组，真双簧"的类似把戏，我们仍可经常看到。

五 "真假重组"的辨别标准。

可能有朋友要问："作为普通散户，毕竟不是财务专家。我们又如何识破诸如此类的诡计呢？"其实，只要我们弄清楚了什么是报表重组，什么是实质重组，即可揭开资产重组的这层神秘面纱。

一般而言，普通投资者可通过以下几个方法进行"真假重组"的辨别：

A.从重组规模来看，假重组的规模一般不大，收购或出售的资产总额一般低于上市公司总资产的50%。而真重组的规模相对较大。

B.从重组的行业来看，假重组通常都不会改变上市公司的主业。

C.从重组双方来看，假重组多发生在关联企业之间，或者同地区的企业之间。

D.从重组时间来看，假重组多发生在下半年，尤其集中在每年的11月、12月。而真重组在时间上并无明显特征。

E.从高层管理人员来看，假重组大多不会伴随高层管理人员的更换。

F.从重组业绩的持久性来看，假重组的业绩通常只能维持一到两年时间，而真重组则可以在较长的一段时期内保持高速增长。

通过以上简单方法，即便普通散户无法像财务专家那样分析透彻，但仍然可以对年末的突击性假重组进行初步比对分析。换句话说，只要我们稍微用心一点，无论市场主力与上市公司，以及庄家与股评黑嘴联合编排的"双簧"多么精彩绝伦，也难逃鬼把戏终被戳穿的下场。

第四节　个人实战经历：
　　　　沉痛折戟吉林制药

Section 4

按照我不炒新股、不炒ST股、不炒重组股的谨慎性格，多年下来，我很少有失足遭遇深度套牢的经历。不过，俗话说"聪明一世，也会糊涂一时"，时常在股场摸爬滚打，就像"常在河边走，难有不湿鞋"啊。

有一次，我还真的不幸栽进了*ST吉药（000545）（见图3）这只假重组股的陷阱。2007年9月14日，吉林制药第一次发布重组公告，称公司于当年9月11日与龙口矿业公司签订重组意向书。在重组公告发布前，*ST吉药的相关利益人已经提前行动，开始狂拉该股股价。

2007年11月19日，吉林制药发布公告称已与龙口矿业集团解除重组意向书，宣告第一次重组失败。随后，吉林制药继续其重组之路。2007年11月26日，公司又发布公告称正在与"包括富通地产在内的潜在重组方进行接洽中"。然而，2007年12月28日，公司再次公告宣称与富通地产的联姻失败。当日，*ST吉药复牌，两次重组失败终于引发了该股连续3天无量跌停。

可此时的我，却怎么也高兴不起来！因为，在9月6日当天，我居然信心满满地按照11.65元每股的价格买入不少。直到2008年1月4日，在遭遇了几个月的痛苦煎熬之后，我才以10.12元每股的价格割肉出逃。虽然吉林制药随后又公告进行第三次重组，但吃过苦头，沉痛折戟的我已经没有任何兴趣。

图3：吉林制药

此后，经过媒体的追踪报道，才使得真相大白天下：根据吉林制药发布的股东减持公告，在2007年8月10日至2008年12月26日期间，吉林制药第二大股东吉林省明日实业有限公司通过11笔交易卖出了1447.54万股吉林制药的股份。结合减持期间平均股价，其减持股份的参考市值达1.25亿元。

很明显，在这场配合默契的资产重组闹剧中，最终拿走巨额蛋糕的，是无良的上市公司及其关联股东。而留下斑斑血泪的，依然是无数孤苦无助的普通散户。

本章简要总结：

日常生活中，不法分子为贪图小便宜，坑蒙拐骗的招式可谓无奇不有。股票市场上，相关利益方为达到"共同致富"的终极目标，骗取中小股民信任的方法也是五花八门。其中，打着资产重组旗号，批量生产"超级黑马"的骗局更是屡见不鲜。散户朋友们，为了你账户里的那点"血汗钱"更安全，在下定决心追涨资产重组股题材之前，可得小心小心再小心啊！

第四章

Chapter 4

—灵敏如脱兔—

柔弱散户战胜强大庄家并非妄言

第一节 小兔子如何吃掉大狐狸

Section 1

　　非洲大草原，在某个阳光明媚的早上，鸟儿在蓝天飞翔，羚羊优雅地散步，看上去一派风和日丽盛世太平的景象。一只兔妈妈从甜美的梦境中醒来，她先从阴冷潮湿的洞里探出身子来，看到外面天气很好，真是适合外出的好天气。于是，她再次回到洞里，把熟睡中的三个小宝宝叫醒，决定带他们出去好好享受一下暖洋洋的太阳。

　　兔妈妈带着自己的孩子，特地在洞口附近找了一块比较干净的地方停下来，兴奋无比的三个小家伙则在妈妈身旁无忧无虑地打闹。或许，已经很久时间没晒过如此舒服的太阳了，周围环境又惬意宁静，让一向警觉的兔妈妈此时戒心全无，一丁点看不到危险在步步逼近她和她的孩子。很不幸，当兔妈妈和孩子们微闭双眼，安逸闲适地享受日光浴时，一只跟踪而来的狡猾狐狸发动了猛然攻击，抓住了她们一家四口。

　　"我实在是太饿了，现在我要把你们当早餐全部吃掉！哦哈哈！"目露凶光的狐狸面对自己的猎物，得意地说。

　　"且慢！"面对突然出现的险情，兔妈妈吓了一跳，但她很快镇定下来，脸上丝毫没有惧怕的表情，诚恳平静，语气不紧不慢地说，"狐狸先生，我很理解你的心情，当然，谁饿了都想填饱肚子的，但是，还请你多给我几天时间。"

　　"为什么？"狐狸大感不解，难道死到临头的兔子还有什么重大的事情未完成吗？

　　兔妈妈笑了一下，回答："因为，我正在写一本关于教导孩子如何战胜强大敌人的书啊。"

　　"哈哈，你可真幽默！你们一家子马上就要成为我的早餐，慰劳我的五脏庙了，你居然还有心思开玩笑！"狐狸忍不住大笑起来。但它觉得很奇怪，为什么这家伙死到临头了还有心思说废话呢？在好奇心的驱使下，狐狸心想，就再多给你几分钟，且看看你葫芦里卖的什么药吧！

"那么，你说说看，你的书名是什么？"

"我的书名是《小兔子如何吃掉大狐狸》"

"什么？你难道疯了吗？从有地球开始，你们兔子就从来没有逃脱过我们伟大狐狸的手掌心！"狐狸一听此言，认为受到莫大侮辱，当然是气得暴跳如雷。

兔妈妈微微一笑："是的，动物界都知道你们狐狸总是比我们兔子强。可根据我的最新研究成果显示，情况并不全是这样，甚至在某些条件下，结果完全相反！如果你不相信我的话，你可以亲自到我的洞里，自己读读我写的书。到时，如果你不能被说服，你可以马上把我们当早餐吃了，我绝无半句怨言！"

向来狡猾和自大的狐狸心想，这家伙准是疯了！也罢，反正读完书再吃掉他们一家，对自己也没什么损失！于是，狐狸大摇大摆地跟着兔妈妈进洞去了。可令人感到奇怪的是，这只狐狸再也没有走出洞口。

又过了几天，兔妈妈再次带着孩子们出去晒太阳。一只比上次更强壮的狐狸突然从树丛中跳出来，捉住了兔妈妈一家并准备吃掉他们。很有经验的兔妈妈以同样的办法将狐狸引进洞里，这只狂妄的狐狸同样再也没有出来。

一段时间过去了，三个孩子已经长大了。兔妈妈终于完成她的书稿。这天，兔妈妈邀请附近很多兔子，在草地上举行盛大的庆祝晚会。

一位邻居大白兔问兔妈妈："你看起来气色不错啊，准是遇到什么高兴事了？"

"是的，我的三个孩子都长大了，也学会了在险恶大自然生存的本领。并且，我刚刚写完一本书。"

"是吗？那得好好的恭喜你一下啊！对了，你那本书的名字是什么？"

"《小兔子如何吃掉大狐狸》"兔妈妈笑眯眯地说。

"天哪,你疯了吗?"邻居大白兔兔容失色,抚着胸口叫喊,"这怎么可能?狐狸从来都是我们兔子可怕的敌人啊!只要被狐狸抓到,我们就死无葬身之地了,你不但想逃过狐狸魔爪,还自大到说小兔子能吃掉大狐狸!"

兔妈妈微笑着昂起头,一脸的神秘莫测:"如果不相信,你进来自己读读这本书就知道了。"于是,大家一起好奇地拥进洞里。

当邻居们进入洞内时,纷纷被眼前的一幕吓呆了:在整个洞穴里,到处散落着狐狸的皮毛和骨头。而在洞穴中间,盘腿坐着一只体型庞大威武的狮子,正在心满意足地舔着嘴唇。

兔妈妈从架子上取下那本《小兔子如何吃掉大狐狸》,分发给每位邻居,并大声地说:"同胞们,在残酷的自然界,大家都认为我们一直是弱者,总也逃脱不了狐狸的猎杀。但大家想过没有?我们兔子也有与众不同的长处,那就是思维敏捷、反应奇快。只要我们善于扬长避短,那么,战胜强大的狐狸其实并不是天方夜谭!"

听完兔妈妈的精彩演讲,所有来访邻居都拍手叫好。从此,《小兔子如何吃掉大狐狸》这本书也开始在兔群中流传开来,并教育一代又一代幼兔怎样以弱克强,在危机四伏的大自然好好生存下去。

第二节 善于扬长避短是散户生存王道

Section 2

这个兔子吃狐狸的故事,乍看上去,似乎让人感到好笑。因为在自然界,弱肉强食,适者生存的生存法则至今未变。那么,作为兔子的天敌,狐狸轻轻松松消灭对手,将捕猎到的兔子塞进肚里,应该是顺理成章毋庸置疑的事情。可这次,向来狡猾残忍,精于算计的狐狸却遭遇彻底失败,不仅没有吃到兔子肉，还搭上了自己的身家性命！

原因何在？关键在于兔妈妈知道硬拼不行，于是情急之下来了个巧妙智取。现在，就让我们来看看做为绝对弱势的兔妈妈，是如何扬长避短打败不可一世的狐狸的。

一　兔妈妈一家四口突遇狐狸，致命危险不期而至。

在大草原上，由于天敌众多，没有锋利牙齿和强壮体型的兔子活动范围本来就很小，生性温顺的兔子更不会主动找事，攻击其他动物。但是，在弱肉强食的自然界，为了各自的群体能生存下去，你不生事不等于别人不找你麻烦。

这不，没想到兔妈妈带着两个孩子出门晒太阳，却突然遭遇狡猾凶残的狐狸袭击。这种情形，正如势单力薄的散户，本来并无欲望也无能力在股市掀起什么太大的波澜，只想小炒一把赚点油盐钱。但是，突然某一天，一位实力强大的庄家看中了散户手里的股票，并悄悄潜入决定大干一场时，作为庄家天然的敌人和对手，不明就里的散户所面临的危险也开始呈几何级数增加，并且这种突如其来的危险很可能是致命的。

二　正面对抗取胜无望，兔妈妈突出奇招。

要是在平时，面对异常强大的敌人，单身一人的兔妈妈可能想都不用多想，脑海里第一反应就是"三十六计，走为上计"，用自己天生的"凌波微步"摆脱狐狸追捕。可如今，自己还带着几个幼小的孩子，如果不管不顾，选择撒腿就跑显然只会带来全家死无全尸的严重后果。眼看着跟狐狸正面对抗取胜无望，兔妈妈急中生智，突出奇招，谎称自己正在写一本叫《小兔子如何吃掉大狐狸》的书。如此一来，生性多疑的狐狸自然被好奇心所驱使，情不自禁地跟着兔妈妈走进洞中。只是，狐狸万万没有想到，自己迈出的这一步竟然是万劫不复的死亡之路！

这就好比一位散户，原来想打算等庄家建仓和洗盘完毕，开始拉升股票时再进入。可当他发现自己误判形势，刚一进入却正好碰到庄家打压洗盘，他想再逃走已经不太可能。于是，他立即心生一计，干脆将计就计，庄家希望把我洗掉，我就像小蚂蟥一样吸附在你身上，让你甩也甩不掉，咬牙当一把"牛皮膏药"，洗盘总有个时间和幅度考虑吧，等你吓跑其他投资者，开始狂拉股价时，我就可以开始享受一飞冲天的快感了！

三　狐狸误入"圈套"，狂妄自大付出惨重代价。

按照狐狸的特有个性和逻辑思维，当兔妈妈要求它进洞读书时，本来首先要多问自己几个为什么的。但由于狐狸觉得兔子天生弱小可欺，谅它怎么折腾也耍不出什么新花样，于是，傲慢的狐狸面对自己的手下败将，准餐盘美食，一下子变得戒心全无，被娇小柔弱的兔子牵着鼻子走。

遗憾的是，聪明的狐狸可能都不会明白，自然界所谓的强者和弱者，其实都是相对而非绝对的。这就好比，狐狸可以轻易吃掉鱼、蛙、蚌、虾、蟹、蚯蚓和鸟类，但它自己同样是虎、狮子、狼、猞猁、熊等大型动物的盘中餐。这和"大鱼吃小鱼，小鱼吃虾米"是一个道理。换句话说，在一场战斗中，因为实力过分悬殊，兔子的角色是散户，狐狸则扮演着庄家的角色。但当狮子这个更具杀伤力的对手出现时，狐狸的角色又被迫转变成了散户。而由于狂妄自大，"狐狸庄家"实力远远弱于"狮子庄家"，最终狐狸也为自己的误判行为付出了惨重代价。

在这场力量悬殊的斗争中，兔妈妈深知如果硬碰硬，自己绝对不是狐狸的对手。但反应敏捷的她，为了达到一家四口脱离险境的目的，最终决定扬长避短，通过采取设饵引诱的逆向思维，攻击狐狸具有好奇心，会被骄傲冲昏头脑的致命短处，从而成功上演一场"借狮杀狐"的绝世好戏。

炒股，盈亏原本平常事。纵然绝顶高手也难保次次投资正确。但面对亏损，有的人能够客观认识自己，总结经验教训，在原地重新站立起来，几经风雨又是好汉一条；而有的人却是心态浮躁，一旦小亏就牢骚不断，整天怨天尤人，将所有人骂个遍，就是不往自己身上找原因。

古人云"尺有所短，寸有所长"，意思是说，每个人都有自己的强项和弱项。同样的道理，无论机构大户还是散户，都有自己的优势和劣势。散户要想战胜各种各样的强大对手，在陷阱密布的股票市场得以长期生存下来，不断学习如何扬长避短显得尤为重要！

第三节　柔弱散户战胜强大庄家并非妄言

Section 3

本节既然讲到如何斗庄和猎庄，那么，我们必须要清晰了解庄家和散户的概念，并对他们各自的长处和短处有所了解和掌握，以便大家为日后的股市斗争做好万全准备。下面，我就分别对以上提出的问题进行逐一分析讲解。

一　庄家与散户。

庄家，这个词我们经常在各种财经报刊、杂志、电视节目中看到，但要给它准确定义却并不容易。因为，随着人类历史不断演变和娱乐文化的内在需求，社会大众的赌博行为开始出现并日渐盛行。而最早的庄家，实际上正是来源于赌博活动。相信爱看电影的朋友，都会对港片里一张绿丝绒赌台后，赌保面无表情的脸和那句"买定离手……庄家赢"有印象吧？所以，在人类各式各样的赌博行为中，庄家的含义可以理解为：利用资金、筹码等有利因素，影响和操纵赌局过程或结果的个人或团体。

而在证券市场上，庄家主要是指那些具有强大的资金、信息、技术和人才实力，通过市场运作，能操控某只股票股价走势的资金集团或机构。就这个意义上来说，目前参与市场的基金、券商、投资机构、大的游资及大户的联合体等都可以归为"庄家"这个范畴。相对的，人们通常把那些投入股市资金量较小，无法操控股价走势的个人投资者称作散户。

二　庄家有哪些优势及缺点？

在人们的普遍印象中，庄家似乎总能在危机四伏的股海左冲右突，游刃有余，甚至战无不胜！其中，最主要的原因是，庄家一般都具备如下优势：

1.财雄势大，手里掌控着巨额资金，小的庄家可调动几亿参与交易，实力强大的庄家更是可以动用几十亿，甚至上百亿资金来股市搏杀。

2.对国际国内政治经济环境、相关财经政策有相当深入的研究，且对外在环境和政策的变化极为敏感，应变能力较强。

3.拥有大批专业技术人才，掌握大量不对称，甚至是尚未公开的内幕消息。

4.有能力在一定时期内影响或控制某只及几只股票的走势。更有甚者，能够短暂影响大盘走势。

5.与一些上市公司及相关大股东关系密切。

6.有较强的抗风险能力。

7.为达目的，经常与其他机构抱团作战，显示出严密的组织性。

当然，作为"大鳄"存在的庄家也不是完美无缺，正如百兽之王的狮子都有近视的缺陷一样，庄家身上同样存在以下缺点：

1.容易冲撞到政策红线，最后往往因为违法乱纪而遭到监管部门查处。

2.因利益分配不均，各怀心思，容易被其他更具实力更为凶狠的庄家击败。

3.如决策失误或操作不当，因资金庞大不容易在短时间内全身而退，导致重大亏损。

4.庄家资金强大，但时间成本较高，而且绝大部分资金的利息高于同期存款利息，一旦坐庄失败，被拖入泥潭，主力将不堪重负。

三　散户有哪些优势及缺点？

既然庄家有那么多显而易见的优势和长处，那么，肯定有人要问："怪不得散户老是吃亏呢！无论从哪方面看，散户和人家庄家相比根本不在一个档次嘛。这样一来，估计散户永远都无法战胜庄家了！"但我给出的答案是否定的，既然兔子能干掉狐狸，散户又何必在庄家面前妄自菲薄呢？

道理何在？因为，散户也有两大优势：

1.散户资金相对较小，少的不过几万、几十万，多的不过几百万，买进卖出都十分方便。

2.因散户炒股多为自有资金，不存在建仓、洗盘、拉升等步骤，所以时间成本较低。

散户存在的缺点：

1.获取信息的渠道较窄，与上市公司难以搭上关系，受此不利因素制约，无论买或卖，行动总是慢人一步。

2.资金太少，无法控制大局和个股走向，只能看别人眼色行事，见缝插针搞偷袭。

3.容易受到外在因素的刺激，在交易时经常会表现出较强的情绪化。

四　散户有无可能战胜庄家？

在大多数人的观念里，总认为庄家太过强大，又精于计谋，所以不可战胜。但有句股谚说得好："庄家船大头难掉，散户个小身易转。"也就是说，在股市博弈中，庄家由于资金量大，自然有一种傲慢不屑的态度，经常随意"调戏"散户。但为了达到坐庄控盘以及拉升出货的目的，其资金的进出相对于散户而言，庄家就显得特别笨拙。如此一来，它的优势有时也会变成短处。而散户因为资金很小，进出相对容易，从而使得短处变优势。因此，我们说，只要善于把握机会，勇于精准出击，散户照样有可能战胜不可一世的庄家。

当然了，我们说散户能反过来猎杀庄家，并不是说光有勇气，胆子大就可以的。最关键的一点，你手中起码得有攻击敌方的利器，并且掌握一定的技巧。就像兔子能杀狐狸，其实也是靠了身后狮子这个"大靠山"。她并没有凭借"匹夫之勇"，妄图情急之下，咬上狐狸几口就能制敌取胜！

比如，如果庄家选择某只业绩较好的股坐庄，虽然到最后出货时问题不大，但前期对绩优股低价收集筹码难度就比较大，因为很多投资者对这类个股普遍抱有惜售心理。相反，如果庄家选择某只垃圾股坐庄，虽然前期收集筹码容易，但到了出货的时候，愿意接货的人又比较少了。因此，作为庄家，同样有很多担忧和顾虑，更是有不少庄家因故坐庄失败。只不过，媒体所宣传报道的，大多是庄家"无往不利"的所谓辉煌战绩，而对其"斑斑败绩"很少涉及，久而久之，市场也就形成了庄家不可战胜的神话。在大家眼里，似乎庄家都是稳赚不赔的"股神"，屹立不倒的"青松"。

但是，只要散户愿意学习和练习，随着不断开拓视野掌握技能，炒股技术日益精进，我始终相信，曾经的小散户也会在股市实战中逐渐壮大成中户、大户，甚至是掌握别人命运的庄家。

五　庄家坐庄的基本步骤

庄家要想在股市上成功获利，依然和散户一样，通过低买高卖来实现。只不过，为了尽可能地使得利益最大化，庄家会更有耐心，愿意在一只或几只股票上投入更多人力、物力、财力。但不管庄家如何运作，以下几个基本坐庄步骤是必不可少的。

1. 前期准备。

庄家投入很大精力来坐庄，为保万无一失，在行动之前必须有个周全的准备和严密计划。这些准备包括：专业人才、政策研究、坐庄资金等方面的积累。

2. 建仓吸筹。

任何高明的交易，都要将自己的资金先期投进市场，将之转换成股票，然后等到股价拉升到一定价位时卖出，从中赚取差价。随着散户越来越精明，庄家建仓吸筹的方式和手法也趋于多样化，比较常见的有打压吸筹、边拉边吸、横盘吸筹、震荡吸筹、高位吸筹等。

3. 震仓洗盘。

洗盘最主要的目的是提高市场平均持仓成本，把底部跟进的其他投资者清洗出局，换上另一批看多的散户。洗盘的位置一般在主力进货位上方不远，通常的形态是横盘震荡，但又跌不下去。我们常常利用主力的洗盘判断主力的仓位，市场满盘获利却又跌不下去，这是主力大量持仓的标志。也有些强悍的庄家喜欢采取狠砸猛打的方式洗盘，将股价打压到市场均价以下，并将所有传统技术指标打坏，这种洗盘方式对持股不坚定的散户投资者具有较大的杀伤力。

4. 小幅拉升。

庄家在低位吃饱筹码、清洗掉浮筹后，自然就是最精彩的部分的预演，开始进行小幅拉升，以测试上方压力和下方支撑。而拉抬股价，当然是为了后面高位出货时，能卖个好价钱，扩大盈利。一般来说，因庄家的实力、习惯、风格、背景和大环境的不同，拉升的方式也是千奇百怪。比如有闪电式拉升、台阶式拉升、震荡式拉升、进二退一式拉升等。

5. 回调整理。

无论庄家再怎么隐蔽，在拉升过程中，始终有一些经验丰富的中小投资者率先杀进来。如果不将这些已经获利的人赶下"牛背"，可谓后患无穷。于是，当庄家将股价拉抬到一定的高度时，大多会暂停行动，或者动用少部分筹码往下打压，造成出货迹象，从而迫使一些获利者抛股离场，换上另一批后知后觉得新多头，以有利于行情的继续上涨。

6. 猛烈拉升。

经过必要的回调整理之后，庄家大多会进行猛烈地拉升。之所以这次的拉升幅度和前面的试盘不同，主要是因为庄家想通过迅速而猛烈的涨升，误导和刺激更多一直观望的跟风盘入场，为最后的出货聚集人气。

7. 果断出货。

前面讲过，庄家坐庄的最终目的是卖掉手中筹码，获得惊人利润。而当股价达到自己设定的目标位，或者大盘形势变坏时，庄家会选择比较有利的时机果断出货。通常，它会在市场热情高涨、跟风者戒心全无时抛出筹码。根据我经验，庄家出货大致有如下几种方式：边拉边出式、打压跳水式、绵绵阴跌式、反复震荡式等。

六　散户何时出击更为有利？

通过认识了庄家和散户各自的优势和弱点，以及庄家坐庄的大致流程后，相信很多散户朋友都开始树立了斗庄和猎庄的信心和勇气。现在，只要我们能找到庄家的弱点，并"以己之长，克敌之短"，就能取得最后的辉煌胜利。

但是，在上面几大步骤中，并不是每个部分都适合散户斗庄。我们不妨一一进行可行性剖析。

第一，在建仓吸筹阶段，庄家总是会提前进入，而且为了拿到更多廉价筹码，除了悄无声息地进行低位吸货，有时还经常采取打压吸筹方式，故意搞得散户心神不宁。如此一来，普通散户自然也就很难知晓其战略目的了。因此，在这一阶段狙击庄家并不现实。

第二，庄家震仓洗盘的目的，主要是测试股民持筹心态和确定拉升时机是否成熟，为后面大幅拉升股价作必要准备。而这一阶段，正是散户介入的最佳时机。通常，当你看到如下几种情况时，多半属于洗盘行为：

A.洗盘时，股价多在10日均线之上，而且，10日、30日、60日均线会保持多头排列。即便股价有时跌破5日或10日均线，会很快被强行拉回。

B.成交量大多出现两头大、中间小的特征。这是因为，洗盘初期，很多急于锁定利润的胆小者，会急不可耐地卖出，成交量会放大。而到中期，浮筹被清洗得差不多了，惜售心理占据上风，成交量萎缩。而到洗盘后期，庄家入场补仓，成交量又会变大。

C.K线形态上先是3～5根小阳线，后面接着1～2根小阴线时，并且时常伴随着带长长上下影线的十字星。

第三，如果你在震仓洗盘阶段（特别是后期）果断买入，后面进入大幅拉升阶段时，那么事情就好办多了。此刻，你只需牢牢捏住手里的筹码，放心坐等庄家抬轿，然后寻找适当的时机收割战果就是。

第四，当庄家准备高位出货时，散户可千万要注意了，哪怕少赚一点，你一定要比庄家提前行动。否则，一旦贪心不足，最后落个先赢后亏，"鸡飞蛋打"就不明智了。此刻，一旦出现以下一种或两种情况，即刻兑现利润走人。

A.5日从上往下穿过10日均线，形成高位死叉；5日均线或10日均线跌破后没有收回；5日、10日、30日均线出现空头排列迹象；60日均线开始走平或向下拐头。

B.成交量先是猛增至天量，但股价不涨，表明涨势已尽，庄家出货在即。

C.K线形态上，阳线减少，阴线明显增多。并且，时常出现放量的十字线、中阴线和大阴线。

D.从盘口看，经常先在下方看到大手笔买单，但只要有人跟进则大买单迅速消失，并且马上在上方看到巨额大卖单。

通过以上细致分析，我们不难发现，只要投资者认真总结经验教训，并巧妙利用自身资金小，机动灵活"易收易放"的特有优势，看准有利时机，果断雷霆出击，柔弱散户战胜强大庄家并非妄言，而是完全可以实现的！

第四节 个人实战经历：
果断出击新都酒店

Section 4

2007年11月18日，国务院办公厅发出通知，根据《国务院关于修改〈全国年节及纪念日放假办法〉的决定》，从2008年开始，对元旦、春节、清明节、国际劳动节、端午节、中秋节、国庆节放假调休日期重新作出规定。而其中最引人注目的是，此前备受人们争议、实施了8年的"五一黄金周"被取消。原先"黄金周"7天长假也缩短为3天。

国家法定假日新方案公布之后，相关行业可谓是几家欢喜几家愁。但对于商务酒店来说，确是大大地利多。尽管放假时间比前几年有所缩减，但该出去旅游的人照玩不误，而且，随着生活水平的提高，人们在旅游时也较以往更舍得花钱消费。针对日益临近2009年"五一小长假"，旅游酒店类日趋活跃的特点，我决定选择一两只旅游个股，进行短线操作。

经过对当时市场上近30只旅游酒店类个股进行初步筛选

后，我最后选定出击新都酒店（000033）（见图4）。理由如下：

1. 新都酒店盘子不大，流通市值约22亿，主力容易做一波短庄。新都酒店是一家海内外驰名的四星级商务酒店，也是深圳酒店业唯一的上市公司，毗临深圳火车站及罗湖口岸，地处繁华的商业及购物中心区，"五一期间"对广大游客有较大吸引力。虽然4月23日公司公布2009年一季报及预测2009年1~6月的累计净利润亏损600万元，同比下降60.07%，但对短庄入驻基本影响不大。

2. 从4月初开始，其成交量出现有规则的温和放大，表明有主力悄悄潜入。

3. 从技术上看，从4月22日开始，新都酒店跟随大盘连续4个交易日缩量下跌，但4月28日当天，股价在触及60日均线后，立即触底回升，两点之后更是快速拉升，加上30日均线一直翘头向上。这表明60日均线是主力部队的生命线，绝对不能破。

我判断前面4天主力震仓洗盘应基本结束，作为散户，此时介入胜算较大。4月29日，该股小幅低开在3.83元，稍微下探后立即翻身向上，我随即在前日收盘价3.85元处挂单并顺利成交。最终，该股震荡盘升，当天收于3.94元，涨幅超过2%。

图4：新都酒店

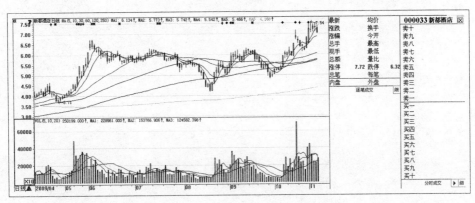

由于此后几个交易日（包括节后），旅游酒店板块整体表现强势，相关个股出现联动性拉升，如锦江股份（600754）、华侨城A（000069）。我根据前面介绍的方法，在庄家做盘拉升阶段，只要股价上行趋势未遭明显破坏，均可持股不动。直到6月8日，股价连续3个交易日冲高无力，且5日均线出现拐头向下迹象，开盘后，我迅速以6.2元卖出。至此，出击新都酒店的战斗以大获全胜结束，总共获利60%。

总结此次短线操作成功经验，有两点值得大家参考。一是利用"五一小长假"，出击旅游板块个股，符合特定时期做多相关热点板块的策略。二是在震仓洗盘后期，即将拉升时果断介入，是散户猎庄最佳时机。但需注意，一旦发生情况不对，必须立即抛股走人，坚持执行短线操作不可恋战的原则！

本章简要总结：

都说散户天生是亏钱的命，但在我看来，事实并非完全如此！只要熟悉掌握自己和庄家的优点和缺点，以及坐庄的基本步骤，然后瞄准庄家薄弱环节果断出击，那么，柔弱散户照样能猎杀强大庄家。大家必须要明白：只要善于扬长避短，散户跟庄和杀庄均有可能取得最终胜利。想想看：连最厉害的对手都能战胜，又何愁无法在股海长期生存下去呢？

第五章

Chapter 5

—抓牢龙头股—

散户高手轻松让财富成倍飙涨

第一节 龙头老大的示范效应

Section 1

2007年7月下旬，在上半年全国CPI明显过热的情况下，我国的产品价格加速上涨态势迅速从原材料领域传递到食品加工业。而引发当年全国消费者普遍不满，并掀起社会热烈大讨论的，是国内方便面生产厂家宣称将集体涨价。

据媒体报道，从2007年7月26日起，以华龙、白象等为首，占据我国大部分市场的中低价方便面价格将整体上调，提价幅度最高的达到40%，平均提价幅度也在20%左右。这一事件一经报道，立即刺激全国各地市民纷纷加入到抢购方便面的热潮之中。

可能很多人并不知道，在当年年初举行的第一次方便面企业价格协调会上，相关企业就高价方便面率先涨价达成共识，并约定于六七月份开始行动。果然，时间进入6月份，康师傅、统一等行业老大开始提价。这些高价方便面一提价，中低档方便面马上跟进。

不可否认，由于当时的国内猪肉价格一路飙升，甚至国内很多地方都已经创出猪肉的最高历史价格，基础产品涨价引发下游产业联动的局面，实际上已经到了一触即发的紧张地步。

就在方便面涨停前不久，一份由伊利、蒙牛、光明和三鹿等14家国内外知名乳品企业共同签署的所谓"乳品企业自律南京宣言"在京正式实施。联盟企业约定，将取消乳制品的捆绑、搭赠产品或礼品的销售行为，取消特价、降价销售等促销方式，涉及产品包括不同包装材料、不同包装规格的所有超高温灭菌乳、巴氏杀菌乳、酸牛奶、乳粉、含乳饮料产品。

有业内人士认为，从中国经济的发展趋势来看，由于以往中国基础产品的价格普遍偏低，基础产品普遍处于保护价中，所以此次基础产品价格的上涨带动了我国众多行业产品价格的上涨，而不单纯是方便面行业价格的上涨。所谓"牵一发而动全身"，此次涨价，甚至连全球快餐业的龙头老大麦当劳、星巴克等也纷纷效仿，涨高售价。

对于此次方便面的涨价，有业内人士表示："其实和乳制品行业一样，造成食品行业普遍涨价的原因究其背景还是由于原材料的涨价，而原材料的涨价是由于能源的涨价，比如石油的涨价，从而造成了连锁反应。"

不过，掏钱埋单的大部分消费者并不认同业内人士的观点。一些学者也认为，其实所谓的联盟、不捆绑、减量不减价等都是在变相涨价。而且，方便面统一涨价行为其实已经涉嫌价格"卡特尔"（即价格垄断）。价格垄断，是严重破坏市场经济的行为，在许多国家受到竞争法的严厉禁止。我国自1998年5月1日起施行的《价格法》，明确规定了经营者不能有互相串通操纵价格等不当行为。

其实，无论生产企业和消费者怎样吵得不可开交，方便面涨价，乃至其他行业产品涨价，已经成为铁一般的既定事实，并将形成长期发展趋势。至于这两大对立群体谁对谁错，实在难以说清。毕竟，为了各自的利益考虑，双方各执一词进行激烈争辩，是极为正常的事。

不过，看到康师傅、统一等行业龙头老大提前行动，华龙、白象等企业迅速跟进的有趣现象，倒是我最为关注的。其实，透过表象看本质，方便面的集体提价，除了原材料涨价导致成本上升等客观因素外，那些龙头老大一言一行对整个行业群体所产生的巨大示范效应是不可小视的！

而在股票市场，只要参与过交易的朋友，无论老股民还是新股民，应该都有显著的共同体会，那就是龙头老大的示范效应同样存在，并能时时看到。比如，因为遭遇利空消息沉重打击，某一天的大盘走势低迷，热点全无，交投清淡，整个市场给人一种死气沉沉的感觉。但从下午2点开始,某个板块中的龙头股突然之间被巨额买单强力拉高,并在几分钟之内封死在涨停板上。此刻,尽管很多人并不明白为何出现这种情况,但在示范效应的刺激之下,埋藏在同类个股中的主力大多会选择跟随拉升,纷纷变得活跃。而板块联动的最终结果,经常可能产生板块内个股争相涨停的奇观。如果超级主力选择攻击的对象是银行、地产、钢铁、煤炭、石油、券商等权重板块中的龙头个股,如工商银行(601398)、建设银行(601939)、万科A(000002)、保利地产(600048)、宝钢股份(600019)、武钢股份(600005)、中国石油(601857)、中国石化(600028)、中国平安(601318)、中国人寿(601628)等,不但能够带领大盘止跌转涨,甚至很容易在尾盘上演"惊天大逆转"!

由此可见,在日常交易中,只要我们善于在庞大的股票池中,识别和抓牢其中几只龙头老大,那么,"跟着大树好乘凉,跟着龙头好吃糖",实现盈利也就相对容易得多。

第二节 如何识别和抓牢龙头股

Section 2

众所周知,散户要想在涛涛股海中获利,最轻松的办法是跟庄和杀庄。而要真正达到这一远大目标,难度可谓不小。毕竟,这些庄家都是身经百战的老手。不过,尽管难度不小,但还是有办法应对。其中,最为关键的,首先是学会如何识别龙头股和怎样抓牢龙头股。

一 什么叫龙头股?

从字面意义即可看出,所谓龙头股,是指在某一时间段,在个股炒作中,对同行业同板块的其他股票具有较大影响力和号召力的股票，它的涨跌能对其他同行业板块股票的涨跌起着明显的引导和示范作用。

不过，值得注意的是，龙头股只是个相对概念，正所谓"各领风骚三五年"，随着庄家炒作目标的转移和同类新股不断上市，其龙头地位通常会受到挑战，并只能维持一段时间。

二　龙头股的五大基本特征

很显然，只要是炒股的人，几乎个个都梦想着抓住一两只龙头股，从而"骑坐龙身好威风"，轻松跑赢大盘，实现自己的买房买车梦。但是，很多人对龙头股有什么与众不同的特征却一知半解。根据经验，我认为具备如下几大显著特征的，即可称为龙头股。

第一，在某段时间之内，如果大盘处于上涨状态，龙头股的涨幅要远远高于大盘涨幅。

第二，在某段时间之内，如果大盘处于横盘震荡状态，龙头股的涨幅要高于大盘涨幅。

第三，在某段时间之内，如果大盘处于下跌状态，龙头股要保持较强抗跌性，或跌幅要远低于大盘跌幅。

第四，在某段时间之内，龙头股的表现始终要强于同板块和同概念其他个股。一旦行情启动，龙头股必须要率先冲上涨停板。就算当天大盘较差，没有涨停个股，龙头股也一定要进入当天的涨幅榜前列。

第五，龙头股必须有大旗一挥，天下豪杰应者如云的霸气。当然了，正如西方那句名谚所言："一千个演员就有一千个哈姆莱特。"在不同的人眼中，龙头股的特征肯定不止这些。但我个人以为，以上五点最具"龙头股"的代表性。

三　选择龙头股有哪些讲究？

搞清楚了龙头的基本特征，是不是就可以万事大吉，坐着收钱了呢？当然不是。就像在战场上，就算你明白"擒贼先擒王"的道理，如果不了解一些具体战术战法，依然难以成功。那么，在选择龙头股时，到底有哪些讲究呢？

第一，要尽量选择国家政策扶持的行业和个股。

如在2007年的新能源板块中，曾经跑出天威保变（600550）、特变电工（600089）、川投能源（600674）几只大牛股。又如2009年，因甲型H1N1流感席卷全球，相关甲流概念板股表现极为抢眼，像华兰生物（002007）、海正药业（600267）、海王生物（000078）、达安基因（002030）、莱茵生物（002166）、科华生物（002022）、普洛股份（000739）、天坛生物（600161）等个股，无不成为当时市场的超级黑马。

第二，要尽量选择在未来一段时间内，可能形成市场热点的板块。

也就是说，板块热点的持续性不能太短，板块所拥有的题材要具备想象空间，板块的领头羊个股要具备能够激发市场人气，带动大盘的能力。

第三，要尽量选择业绩优秀，题材丰富的个股。

这是因为，一只股要吸引大资金愿意进入，业绩太差了不行，没有丰富的题材形象空间也不行。因为，庄家费神费力好不容易炒作起来了，可老有人担心手里的股业绩不好，公司形象不佳，一旦市场转势，上方抛盘如雨，最后如何成功出货是个主力不得不慎重考虑的大问题。

第四，要充分地利用股票软件的自选股功能，建立目标股票池。

随着新股加速扩容，创业板成功上市，选股难度日趋加大。在研究目标股时，没有任何人能够能面面俱到。但是，如果从三到四个热点板块中，分别挑选3～5只个股进行适时跟踪、观察、分析，可以说是既省时又省力的明智做法。

四 抓牢龙头股的实战方法。

通过以上介绍，散户朋友可以说对如何识别龙头股有了详细了解，现在，我们就来谈谈抓牢龙头股的实战方法。

首先，必须在第一时间发现龙头板块。

我们知道，国与国之间有龙头老大和跟随国之分，行业与行业之间有脱颖而出的龙头老大。同样的道理，在股票市场上，按板块划分，也有龙头板块。而要找到日后涨幅惊人的龙头潜力股，就必须要在第一时间发现龙头板块。

其次，必须对国际时事及政府政策保持高度敏感。

无数事实证明，一段时间内，某个热点及龙头板块的产生，大多与当时的国际时事和国家政策密切相关。比如，2009年4月，墨西哥首先爆发甲型H1N1流感疫情。随后，这一全球性疫情迅速波及世界上100多个国家和地区。此后，随着华兰生物（002007）宣布生产出中国首批甲型H1N1流感疫苗，该股股价连封涨停，并带动相关甲流概念股大幅飙升。华兰生物（002007）由此成为名副其实的甲流龙头股。

最后，必须死死抓牢龙头股。

有时，虽然你选对了龙头板块，也逮到了其中的领涨股。但就是抓不牢，握不住。庄家在拉升过程中，稍微来个震仓洗盘，你就被吓得半死，胆战心惊地不知如何是好。而待你匆忙卖出股票之后，股价却一路攀升，连封涨停。等你发现自己操作失误，再度追进时，庄家已经赚得盆满钵满，开始撤退走人。来来回回瞎折腾，好不容易骑上一只大黑马，到头来却落得两手空空，说不定还因为盲目追高而导致钱财受损。

比如从2009年9月15日开始，以远望谷（002061）、厦门信达（000701）、新大陆（000997）、高鸿股份（000851）、东信和平（002017）等为代表的物联网概念股集体涨停并连续拉升，迅速成为那段时间市场上炙手可热的龙头板块。如果你在中途被巨幅震荡惊吓过度而提前下车，当然不会获得多好的利润。

正因如此，我常说，一旦骑上龙头股，除非上升趋势遭到明显破坏，你可要死死抓牢"龙角"不撒手了！否则，千载难逢的"骑龙"良机将白白溜走。

五　抓龙头股要特别注意什么？

客观而言，再怎么疯狂的牛股，也不可能一直涨下去。因为，那不符合股市的基本规律。所以，在追击龙头股时，还需注意以下几点：

1. 龙头股上涨的持续时间因股而异，因大盘环境而异。

一旦判断失误或上行趋势遭到严重破坏，必须立即无条件卖票走人。所谓"快、准、狠"，是短线操作的不二法宝，一定要严格执行，千万不要因患得患失，弄到鸡飞蛋打的结局。

2. 宁可少拿牛市中一个涨停板，不可乱抢熊市中的弱反弹。

实力再强大，手法再强悍的主力，在炒作龙头股时，都会密切关注大盘走势，甚至外围市场的表现。在无绝对把握的情况下，没有几个庄家敢逆势强拉涨停。所以说，对龙头股到底追不追，追到后持有时间多少，必须有个清醒的认识，不可想当然地盲目操作。

3. 力求做到胆大心细，不怕不贪。

常言说得好："人非圣贤，孰能无过。"张柏芝在回应吵翻天的"艳照门"事件时也含泪承认：做错要承认，挨打要站直。也就是说，在股票投资上，我们做错了要有勇气认错止损，尽量保住下次再战的资本。做对了也要敢于持股待涨。即便我们不追求卖到最高点，但如果轻易被庄家提前驱赶下车，失去吃一段鱼身的快乐就可惜了。"坚定信心、胆大心细、不怕不贪、理性操作"十二字方针，是散户追击龙头股必须牢记在心的强大武器。

龙头股在一轮行情中呼风唤雨、涨幅可观。然而真正能抓住龙头股的投资者却不多，仔细分析，这并非是技巧方面的原因，而主要是由于操作中的心理障碍造成的。所谓"性格决定成败"，放在股市中，可以说是"性格决定财富"了。那么，我们该怎样轻松操作，让财富成倍增长呢？

第三节　散户高手轻松让财富成倍飙涨

Section 3

很多新股民应该都有过这样的经历：每当听到身边的朋友或同事吹嘘自己如何如何炒股赚了钱时，心里就默默在想："哼，这小子老实巴交，智商平平都能赚钱，看来炒股这玩意儿很简单嘛！不就是低买高卖吗？谁不会啊？"

可一旦他们自己跳进股海，正碰到大盘不好，自己买的个股不断下跌，账面资产逐渐缩水时，他们又会安慰自己：别急！别急！或许是运气差了点而已！肯定会时来运转的！可等来等去，好运气没来，亏损幅度却是越来越大。

于是，之前嘲笑人家，如今被股海咸苦的海水狠狠呛了一口之后，才知道炒股并不是想象那么简单。不过，这些初入股场的新手，如果始终把运气看得比什么都重要的话，是比较危险的。因为，股海淘金，并不是一场只赌运气的赌博，技术水平万万不可忽视。

下面，我们就来谈谈，对炒股而言，运气和技术到底哪个更重要。

一　炒股靠运气还是靠技术？

我的一位远房亲戚以前一直认为炒股不难，只要运气好，根本没有必要花太多时间去学习什么理论知识和技术。因为他觉得无论花多少时间，研究各种数据、技术指标、K线等都只代表股票的过去，与后面的买入和卖出关系不大。这位亲戚为了能博得"好运天天来"，自从投身股市，就从一个无神论者变成一个虔诚的"多信仰教徒"，周一拜观音，周二奉基督，周三求真主……他认为"佛拜求神一定会好运滚滚"，所以甩开了知识积累和技术掌握，整日沉浸在求神拜佛的虔诚氛围里。

当时，我耐心地提醒这位亲戚说："你这种看法不能说绝对错误，但肯定有失偏颇。毕竟，运气这东西吧，本来就很虚，来去无影踪，完全不能靠人力把握。而技术就不同了，起码可以通过历史的经验，去预测一段不长的股票未来走势！"可亲戚根本不相信，也听不进去这样的"逆耳忠言"。

2007年，A股市场出现疯狂暴涨。我的这位亲戚胡乱买什么股都涨，真是"股市处处有黄金"啊，买只垃圾股，他都涨得眉开眼笑，数钱到手脚发软，一年下来，亲戚的原始资金翻了3倍。在短暂成功的刺激下，他的自信心急剧膨胀，几乎达到爆棚状态，觉得自己和港片中会特异功能永赢不输的周星星同学一样，真成了"股神"！逢人便大肆宣扬自己的"赫赫战功"。

那一年，亲戚的口头禅是：就算你智商只有20，只要运气好，肯弯弯腰，也能在股市捡到大把钱！

可就在2008年，当全球性经济危机汹涌而来时，这位昔日扬扬得意的"股神"瞬间就被市场打回原形。等到年底打开账户余额一看，他顿时傻眼了。账户显示：2008年辛苦操作一年，不仅把2007年的所有利润亏掉，甚至老本也缩水大半。

我问他为什么亏损会那么严重？他这才老实交代说："年初时，我以为自己只是运气差点，才会投资失利，于是我多多烧香念佛，坚信菩萨总会保佑，运气总会好转的。于是，我经常换股操作，希望能碰到一只大牛股。可是，我又看不懂那些什么KDJ、MACD、CCI是什么意思。结果，每次刚买进都被套，万般无奈之下只能换股，反复割肉就变成这样了。唉，看来我真该听听你的建议，多少学些技术啊！"

正所谓"吃一堑长一智"，经过这次惨痛教训之后，这位亲戚买来一些专业书籍虚心学习，并不断在日常交易中总结成败得失，如今他历经市场的风云变幻，已经逐渐成为短线搏击高手。

根据一项统计数据表明，即使在牛市里，有些投资者在一只股票上都有可能出现30%～50%左右的亏损。之所以出现这种情形，除了大家都了解的存在侥幸心理、没有严格执行止损纪律等之外，很重要而又容易被大家忽略的一点就是来自于投资者曾经的获利，属于非正常获利。有时，当某人运气实在太好，即便错误的操作，也会带来盈利甚至是巨大的盈利，这种"非正常获利"带来的副作用就是让投资者头脑被迷惑，看不清形势，同时有了一种飘飘然心态，认为自己就是天之骄子，一定有神秘力量庇佑自己一路斩杀获利，最后赚个盆满钵满。但谁又能保证自己永远都有那么好的运气呢？

从历史经验看，那些带有运气成分的非正常获利，对于大多数散户来说，可谓"百害而无一利"。道理何在？因为，它会让大家每次都用各种各样的理由使自己相信这一次是例外，例外会成为幸运儿，往往过高地估计自身的能力和运气，总认为自己可以从市场轻松地得到本不该属于你的错误利润，同时，给你留下错误的记忆。久而久之，个人资产就会在"小额获利"和"大额亏损"的循环中不断缩水，直至最后在不知不觉中亏掉你的本金。这和某些"彩票迷"的心态是一样的，他们中了小奖后就以为自己吉星高照，于是反复投入大笔资金，想要再赚个超级大奖，结果是"中奖的人没有我，伤心的就算上我一个"。

可能有人错误地认为炒股就像赌博，运气占绝大部分。但无数事实证明：炒股大部分靠技术，只有少部分靠运气。有的人，可能在大牛市里是"一流高手"，可一旦碰到大熊市，将立即成为"特级衰神"。如果普通散户想成为股市中的常胜将军，不断拓宽自己的知识面、系统学习证券知识、提高自己的操盘技术，绝对至关重要。所以，人们常说："牛市赚钱不算真正的高手，熊市盈利才是真英雄！"

二 散户高手让财富成倍飙涨的两大秘诀。

2009年10月30日，随着首批28只创业板个股集中上市，沪深市场的股票已经超过1800只，而囿于有限的精力，别说散户，就是拥有庞大研究团队的公募基金，要想在如此庞大的阵容中选出让自己放心，让账户迅速升值的牛股也实属不易。不过呢，难归难，对于那些经验丰富的散户高手而言，照样有秘诀，轻松实现盈利目标。

1. 秘诀一：善于结合量、价、势综合选股。

第一，看量能变化。

大家知道，一只股票能否上涨，量能能否有效放大是先决条件。一般而言，那些单日交投非常活跃，放量又不过分，连续多日成交呈持续温和放大的最容易成为日后的牛股。

第二，看价格变化。

需要特别说明一下，这里所说的价格，是指单只个股的股价演变情况，不是所谓的高价股、中价股和低价股。通常，当股价处于相对低位或大底部区域的个股，其后面上涨幅度较大；从技术角度分析，短期即将形成向上攻击形态，且股价尚未大涨的个股，短线机会较多。

第三，看趋势变化。

就像芸芸众生，每个人的外表和性格各有不同一样，其实每只股票都有自己独特的"股性"和走势。很多技术高超的短线高手，最喜欢反复运作自己比较熟悉的几只股票。这是因为，一旦对某只股票产生良好的"盘感"之后，无论它的长期、中期和短期趋势变化，均会有个大致把握，并能做出适当反应。这有点像"恋爱效应"，在芸芸众生中，能抓住最适合你的才是最好的，因为你能摸透她的性格脾气，对将来有一个大体预测，而不是"三心二意"当花花公子，最后只是浮光掠影地掌握了某只股票的一点点"股性"，却没有深入细致地了解和把握。操作你并不熟悉的股票，当然就有可能会因"摸不着头脑"而摔跟头了哦！

刚进入股市时，因为人们较容易受到心理素质脆弱、技术生硬等不利条件限制，大部分普通散户都很快达到赚钱的目标。但随着时间推移和炒股经验的不断积累，总有一天，你只需通过上面三点，即可快速选出让你财富翻番的大牛股！

2. 秘诀二：善于吃准波段。

在上一节中，我介绍了如何识别和抓牢龙头股。实际上，很多散户高手正是通过反复的波段操作，最终让自己的财富急速增长的。

所谓波段操作，就是指投资者在股价高时卖出股票，在股价低时买入股票。

之所以波段操作能赚大钱，其根本原因是，中国股市尚有明显"政策市"的烙印。也就是说，一旦政府出台某项关于资本市场的重大政策，或者媒体爆出关于股市及上市公司的相关消息，那么，反应到二级市场上，就很容易引发大盘和相关个股剧烈震荡。而在这种忽高忽低的巨幅震荡过程中，如果判断准确，操作得当，一方面可以为我们及时回避风险；另外一方面，还可以带来惊人的赚钱盈利机会。

对大盘而言，无论是牛市还是熊市，几乎每年的行情中都有几次比较明显的波谷和波峰。很显然，波谷是买股的绝佳机遇，波峰则是卖股的最好良机。

对个股而言，同样有波谷和波峰，而两者之间的落差，即为波段。下面，我们就来看看炒股高手是如何巧吃波段的。

首先，选准适合做波段的个股。

比较适合波段操作的个股，在筑底阶段会有不自然的放量现象，量能的有效放大显示出有主力资金在积极介入。因为散户资金不会在基本面利空和技术面走坏的双重打击下蜂拥建仓，所以，这时的放量说明了有部分恐慌盘正在不计成本地出逃，而放量时股价保持不跌恰恰证明了有主流资金正在趁机建仓。因此，就可以推断出该股在未来行情中极富短线机会。

其次，找准买入时机。

一定要在波谷时买入，波谷是指股价在波动过程中所达到的最大跌幅区域的筑底行情，往往会自然形成某一中心区域，投资者可以选择在大盘下跌、远离其筑底中心区的波谷位置买入。从技术上看，波谷一般在以下的位置出现：BOLL布林线的下轨线；趋势通道的下轨支撑线；成交密集区的边缘线；投资者事先制定的止损位；箱底位置，等等。

再次，把握卖出时机。

既然买入是在低点波谷，那么卖出的好时机自然是波峰。波峰是指股价在波动过程中所达到的最大涨幅区域。从技术上看，波峰一般出现在以下位置：BOLL布林线的上轨线；趋势通道的上轨趋势线；成交密集区的边缘线；投资者事先制定的止盈位；箱顶位置。

最后，算准持股时间。

任何一次股票交易，有买进肯定有卖出，但这个持股时间到底多长为好呢？不同的操作方法，时间也有所不同。在吃波段的过程中，大多根据波长而定。波长是指股价完成一轮完整的波段行情所需要的时间。尽管在A股市场，股市投资是长线好还是短线好的争吵从未停止过，但无论哪种方式，持股时间的长短都要灵活调整。也就是说，当某段行情的波长较长时，你可以选择长期持股；当某段行情的波长较短时，就应该采取短线。

总的来看，不管是欧美股市还是中国股市，总是处于反复的波段运行之中。相信散户投资者经过大量的观察和总结，一定能把握波段运行规律，最终获取不菲效益。

第四节 个人实战经历：
成功猎捕新大陆

Section 4

　　2009年，对于A股市场来说，物联网概念板块的强劲走势，足可与甲流概念板块并驾齐驱。2009年9月15日大盘冲高回落，16日表现同样欠佳，但"物联网概念股"却保持强势格局，继续领涨。其中，厦门信达（000701）、新大陆（000997）（见图5）、大唐电信（600198）、远望谷（002061）等带有物联网概念的个股接连封死涨停。而从这几个强势涨停的物联网个股看，其身上几乎都有着射频识别（RFID）的线索。

　　无论牛市还是熊市，市场从来不缺热点。而在这背后推波助澜的，正是各种各样的主力。只不过，这一次，市场主力炒作的焦点是物联网概念。物联网概念的发掘是市场主力在各种周期性板块大多经过轮番炒作之后，根据政策挖掘出来的一个新的市场热点。

　　所谓物联网，是在计算机互联网的基础上，利用RFID、无线数据通信等技术，构造一个覆盖世界上万事万物的网络。在这个网络中，物品（商品）能够彼此进行"交流"，而无需人的干预。其实质是利用射频自动识别（RFID）技术，通过计算机互联网实现物品（商品）的自动识别和信息的互联与共享。有业内人士认为物联网与智能电网均是智慧地球的有机构成部分。

　　不过，也有观点认为，物联网迅速普及的可能性有多大，尚难以轻言判定。毕竟RFID早已为市场所熟知，对物联网的普及速度存在着较大的分歧。但可以肯定的是，在国家大力推动工业化与信息化两化融合的大背景下，物联网会是工业乃至更多行业信息化过程中一个比较现实的突破口。而且，RFID技术在多个领域多个行业可进行一些闭环应用。在这些先行的成功案例中，物品的信息已经被自动采集并上网，管理效率大幅提升，有些物联网的梦想已经部分实现了。所以，物联网的雏形就像互联网早期的形态局域网一样，虽然发挥的作用有限，但昭示着远大前景已不容置疑。

基于以上种种原因考虑，我觉得物联网概念的炒作不会很快结束。于是，决定挑选其中一只进行操作。在查阅了相关资料后可以看出，物联网概念股涉及到RFID、传感器和条形码等产业，而且与TD等移动设备厂商也有着千丝万缕的联系，只要跟着产业链的思路积极跟踪，一旦龙头启动，板块内相关个股很容易跟着起舞。

根据"擒贼先擒王"的战法，9月16日，我决心介入物联网概念龙头股新大陆。当天，该股以9.2元开盘后略有下探，随即展开上攻，并很快冲上涨停板。在此过程中，我以9.25元成功抢进。

在连续拉升几天之后，物联网板块陷入回调。从9月25日开始，一些热门个股连跌3天，纷纷跌破10日均线。但根据多年的盘感，我感觉物联网的炒作不会就此消退，在进行必要的回调之后，后面出现更凶猛主升浪的概率很大，于是坚持持股。

10月19日下午，眼看该股2点钟左右的一波反攻疲态尽显，为锁定利润，我以15.8元的价格卖出。至此，攻击物联

图5：新大陆

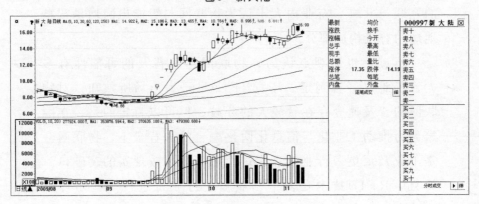

网龙头个股新大陆的精彩一战，终于完美落幕，粗略结算，该股获利70%左右。

本章简要总结:

　　散户要想在惨烈的股市搏杀中赚到快钱和大钱，最好的办法就是发现、识别、跟踪、捕获那些足可"号令群雄"的龙头股。但作为危险性同样很高的实战技法，在"捕龙"计划实施之前，最好能对如何识别、选择及抓牢龙头股有更多了解并进行精心准备，以免考虑不周，贸然动手，最终弄到"杀龙"不成，反而祸及自身的悲惨下场。

第六章

Chapter 6

—蛇食与鲸吞—

庄家战无不胜的独门利器

第一节　弱肉强食的故事从未停歇

Section 1

在自然界，各种生物为了自身和族群求得生存，经常上演大鱼吃小鱼、小鱼吃虾米、虾米吃泥巴的精彩好戏。虽然这种生物链之间的循环逻辑看起来很是残暴和血腥，但这种最为纯粹的自然法则，以前、现在、将来都不会发生太大改变。

在广袤的非洲大草原上，因为同时具备体格强壮、性格凶猛、动作敏捷等条件，狮子成为独霸一方的最高统治者。在大部分时间里，它们喜欢懒懒地躺在树荫里，耐心等待猎物的出现。

锋利无比的牙齿是狮子最好的捕猎武器。斑马、角马和水牛是它们最喜欢的食物。此外，它们也喜欢野兔和长颈鹿，但它们每次的捕猎成功率只有20%左右。为了提高成功的概率，聪明的狮子逐渐学会了成群结队，互相合作的捕猎方式。

通过团队合作，狮子可以捕捉像南非水牛这样庞大而危险的动物。水牛是群居动物，群居能给它们带来安全感，为了确保小水牛不受伤害，成年水牛常常将小水牛围在中间保护起来。不过，狮子对此也有对付的办法。

猎杀野牛时，狮子通常集体行动，对某一头水牛发动突然袭击。如此一来，受到攻击的那只水牛惊慌失措，慌忙奔跑四下逃窜，造成整个水牛群惶恐不安，四散开来，原有的防御优势就会瓦解。这时，领头的狮王会对团体进行分工。其中，一部分狮子负责继续追赶那些逃离群体的水牛；另一部分则对逐渐缩水的水牛群实施攻击，以便让更多的水牛孤军奋战。

经验丰富的狮子心里清楚，它们在玩一场危险的游戏，体重是它们3倍的水牛能够轻而易举地杀死一头成年狮子。虽然狮子拥有利爪，但水牛庞大的体重、锋利的牛角和有力的蹄子和狮子相比毫不逊色，同样致命。

经过狮子的轮番攻击，一些幼小的水牛会被慢慢分离出来。离队的水牛试图追上队伍，但狮群会立即拦住它的去路。一部分狮子负责从后面进攻，另一部分则负责分散水牛的注意力，以确保水牛的尖角无法伤害伙伴。为了达到杀死水牛的目的，狮群需要极大的耐心以便消耗掉水牛的体力。在这种围攻中，雌狮主要承担收尾工作。一部分雌狮负责咬紧水牛的气管，另一部分雌狮则负责咬住水牛的口鼻使其窒息，直至水牛的胡须不再颤动，呼吸停止。成功杀死水牛后，小狮子们从四处赶来分享战利品。

此外，在这种弱肉强食的残忍斗争中，蟒蛇也算得上捕猎高手。通常，一条巨蟒要想捕食时，它会选择一片靠近岸边的草丛或水域，然后把自己隐藏来，静静地等待猎物出现。有时运气不好，就要这样一等好几天。

终于，一头小羚羊离开母亲，来到水边喝水。这时，饿极了的蟒蛇会出其不意，一跃而起发动袭击。可怜的小羚羊根本来不及明白危险何在，就已经被蟒蛇的血盆大口直接吞下了。

虽然在进食方式上，狮子喜欢将捕获的水牛先撕碎，再细嚼慢咽；而蟒蛇则喜欢一口将羚羊全吞下肚，但无论是蛇食与鲸吞，其实都是强者想尽一切办法消灭弱者，使得自己存活于世的成功定律。

第二节　为什么庄家能战无不胜

Section 2

在目前A股市场上，基金、券商、私募等因资金实力雄厚，构成了大大小小、风格各异的庄家。对很多散户来说，当老是亏钱时，对这些凶狠的庄家恨之入骨，而当跟庄成功赚得盆满钵满时，又对庄家感激流涕，大加褒扬。

其实，无论庄家还是散户，彼此之间前世无怨，今生无仇。他们之所以最终成为天然的竞争对手，主要还是因为自身利益的关系。通常，在激烈的股海博弈中，庄家更多的时候就像拥有十八般武艺的武林高手，指哪打哪，得心应手。而大量散户因为客观存在诸多缺陷，多半扮演任人宰割的可怜角色。

庄家之所以能常打胜仗，并不是真的拥有什么绝世武功和独门暗器，而是他们经验老到、生性狡猾、经常利用资金和技术优势布桩设套，然后等着散户来钻，这种力量对比本来就悬殊的争斗，自然经常以庄家的胜利和散户的惨败而告终。然后，经过媒体的推波助澜和大肆渲染，更是让庄家成了攻无不克的常胜将军。事实上，主力坐庄失败的情况也时有发生。

可能有人说："作为散户，我睁大眼睛，不往庄家设置好的圈套里钻不就得了吗？"话是没错，但有时就是在那刹那间，我们不小心双眼被蒙蔽，忍不住就做出错误决定。而导致这种情况发生的诱因是，庄家喜欢实施各种惯用伎俩。就像狮群攻击水牛群时，庄家的诱敌战术可称为天衣无缝，下面，我们就对庄家惯耍的花招，进行一一剖析。

一　庄家诱骗散户的惯用伎俩。

1. 伎俩一：利用尾盘突然拉高，吸引散户入场。

有经验的股民都知道，A股每天交易时间只有4个小时。而真正重要的几个时间，一般是早上10：00和11：00，以及下午的14：00、14：30、14：45、14：50。因为在这几个敏感时间点上，很多庄家或主力会根据当天的大盘形势发展，来决定自己坐庄的个股是冲击涨停还是打至跌停。

倘若庄家实力不够，靠整天托着股价上行压力很大，那么他就会利用收市前的十几分钟，甚至几分钟时间用几笔大单放量拉升，故意画出漂亮的收盘曲线。此时，很多不明真相的散户一看股价突然拉高，生怕自己错失大好赚钱良机，来不及考虑就重仓杀入。而实际上，狡猾的庄家一般会在第二天故意让股价大幅低开，让前一天进入的散户立即吃套。一旦散户耐不住惊吓，下决心割肉走人，庄家又会把股价直线拉高，搞得刚刚卖出的散户以为要涨停，于是又转身杀进。就这样来回几次，庄家在不断打压拉升中，顺利出掉手中获利筹码。

2. 伎俩二：进行盘中对敲，误导散户做出错误决策。

在坐庄过程中，为了故意误导散户，庄家经常会进行盘中对敲。对敲的手法大致有以下几种。

A. 建仓吸筹时：通过盘中对敲打压股票价格，以便在低价位吃进更便宜的筹码。在个股的K线图上表现为股票处于低位时，股价往往以小阴小阳沿10日线持续上扬。这说明有庄家在拉高建仓，然后出现成交量放大并且股价连续地阴线下跌，而股价下跌就是庄家利用大手笔对敲来打压股价。这期间K线图的主要特征是：股票价格基本是处于低位横盘，但成交量却明显增加，从盘口看股票下跌时的每笔成交量明显大于上涨或者横盘时的每笔成交量。这时的每笔成交会维持在相对较高的水平。另外，在低位时庄家更多地运用夹板的手法，既上下都有大的买卖单，中间相差几分钱，同时不断有小买单吃货，其目的就是让股民觉得该股抛压沉重上涨乏力，而抛出手中股票。

B. 拉抬股价时：利用对敲的手法来大幅度拉抬股价。庄家利用较大的手笔大量对敲，制造该股票被市场看好的假象，提升股民的期望值，减少日后该股票在高位盘整时的抛盘压力，吸引散户跟进帮着抬轿。这个时期散户投资者往往有买不到的感觉，需要高报许多价位才能成交，从盘口看小手笔的买单往往不容易成交，而每笔成交量明显又节奏放大。强势股的买卖盘均有3位数以上，股价上涨很轻快，不会有向下掉的感觉,下边的买盘跟进很快,这时的每笔成交会有所减少(因为对敲拉抬股价,不可能像吸筹时再投入更多资金,加上散户跟风者众多,所以虽出现"价量齐升",但"每笔成交"会有所减少)。

C.震仓洗盘时:因为前期跟风盘已经获利丰厚,庄家一般会采用对敲震仓的手法使一些不够坚定的投资者出局。从盘口,看在盘中震荡时,高点和低点的成交量明显放大,这是庄家为了控制股价涨跌幅度而用相当大的对敲手笔控制股票价格造成的。

D.高位出货时:经过高位的对敲震仓之后,股价再次以巨量上攻。这时庄家开始出货,从盘口看,卖二、卖三上有成交的较大手笔,而我们并没有看到卖二、卖三上有非常大的卖单,而成交之后,原来买一或者是买二甚至是买三上的买单已经不见了,或者减小了,这往往是庄家运用比较微妙的时间差报单的方法对一些经验不足的投资者布下的陷阱,散户吃进的筹码往往是庄家事先挂好的卖单。

E.反弹出货时:对敲庄家出货之后,股票价格下跌,许多跟风买进的中小散户已经被套牢,成交量明显萎缩,庄家会在盘中用几笔较大的买卖单连续对敲拉抬,给场内外的投资者以新的希望。待拉到一定价位后,再把手中剩下的筹码顺利卖出。

3. 伎俩三:利用涨跌停板出货。

如果当天庄家想在涨停板出货,一般会在早上一开盘,立即以迅雷不及掩耳之势将股价拉到涨停板上,然后在涨停价位置挂上稍大一点的买单。此刻,很多中小投资者一看庄家早盘就敢封上涨停,必定实力强大。如果跟庄及时,说不定吃到一两个涨停板。于是,短线跟风盘蜂拥买入。虽然,小散的单个资金比较小,但如同蚂蚁搬家,一旦形成集群模式,其买盘吃货能力也是相当吓人。然后,主力就把自己的买单逐步撤掉,然后在涨停板上填上卖单,悄无声息地出货。当买盘渐少时，主力又封上一定量的买单，维持涨停，然后反复撤单和派发。而跌停板出货，庄家多半选择在集合竞价或遇临时停牌10：30复牌时，直接以跌停板开盘。然后，故意用巨量打开跌停，并快速拉高。此时，很多投资者一看有机可乘，马上吃进。遇到这种情况，如果不是出货，股价大多会立刻复原；如果在跌停板上还能吃到筹码，大多是主力用跌停出货。

4. 伎俩四：利用股价剧烈震荡下套。

有时，大盘运行平稳，多空双方并无剧烈厮杀。但有的个股突然被一笔巨额大单把股价砸低不少，然后很快回到原来价位。在刚才低位买进的人暗中高兴，没有买到的人觉得自己吃亏了，并随时准备入场。然后庄家故伎重施，进行多次大单砸盘，小单拉升复原，再次大单砸盘，再次小单复原的动作。经验不足的散户认为庄家可能是故意在大幅冲高之前，给相关利益方输送利益，便不断买进。殊不知，庄家正是利用这种剧烈震荡，暗中出掉手中筹码。

5. 伎俩之五：利用盘口委托单设局。

当前，有的股票分析软件功能相对多（比如能看到买卖档各10个数据），但动辄几千上万的价格还是让大多数散户望而却步。因此，多数散户都比较喜欢使用免费证券软件，而免费软件一般只有五个委买和委卖的盘口数据。一些狡猾的庄家正是利用这点，设局欺骗散户。比如，让散户看到下方五个委买单都是大买单，而上方委卖盘全是小卖单时，一般人都会认为主力即将往上拉升了。而实际上，一旦看到大量跟风盘涌入，庄家立刻撤掉买处的单子，在上方卖处填上卖单，从而达到自己出货，让散户接盘的真实目的。如果庄家想打压吸货，则进行反向操作即可。

6. 伎俩六：利用高换手率骗人。

很多人可能认为，股票的换手率越高，表明交投活跃，后市上涨的概率较大。但实际上，换手率到底是高些好还是低些好，要分具体情况分别对待。如果股价处于相对低位，换手率高当然是好事，说明有机构或大资金逢低买入，股价随后上涨甚至大幅拉高的可能性很大。倘若股价已经被连续拉高了，还出现比较高的换手率，而且股价已经涨不动了，这就很明显是庄家已经在暗中加紧出货，股价随后下跌的概率比较大。此时千万别盲目追高了，否则容易落得高位站岗的下场。那么，换手率的高低又如何判断呢？通常，我们把低于3%的叫低换手率，高于10%的叫高换手率。换手率过低或过高，都不是好事，5%左右较为合理。不过，真正买股时，最好是将换手率和其他指标结合分析为宜。

7. 伎俩七：利用突发消息收集或派发筹码。

世界股市，无一例外，都多少要受到政策的影响。其中，有"政策市"烙印的A股市场，更是表现得相当明显。有时，当市场上突然传出重大政策利空消息时，大盘和个股会应声下跌，甚至出现崩盘式跳水，此刻具备长远战略思维的庄家，会不失时机地在低位悄悄收集散户抛出的廉价吸筹。而当市场出现重大利好政策时，散户疯狂杀进场内，庄家会毫不犹豫地在上涨过程中派发获利筹码。

二　散户如何判断空头陷阱和多头陷阱？

正是因为利用以上这些扑朔迷离的招数，庄家把散户搞得头晕脑涨，然后再寻机痛下杀手，最终使得庄家成为市场上的常胜将军。不过，无论庄家如何设局布套，其根本目的无非就是两点，要么是布下空头陷阱，要么是设好多头陷阱。然后等着散户拼命往里面跳，他好来个一网打尽。

那么，什么是空头陷阱，什么是多头陷阱呢？当遇到此类情况时，散户又该如何应对呢？

1. 空头陷阱及具体判断方法。

所谓空头陷阱，是指大资金或庄家利用消息面、资金面、技术面等不利因素影响，刻意在打压股指或个股股价，造成市场恐慌，诱使投资者恐慌抛售手中筹码，以达到自己能在低位从容建仓的目的。

一般来说，散户要想判断空头陷阱是否成立，大多从以下几方面来综合分析。

A.从消息面变化进行判断。我们知道，一些庄家不但资金庞大，有时还与媒体关系密切。为满足一己私利，他们有时会利用媒体优势，或联合一些著名的财经网站，故意放出不利于市场的重磅消息，待市场遭遇抛盘狂潮打压之后，很多股价已经变得相当便宜。这为庄家低位建仓，后市拉升出货赢得了宝贵机会。

B.从成交量变化进行判断。根据量价关系原则，成交量是反映股市人气聚散的一面镜子。人气旺盛表示买卖踊跃，成交量自然放大；相反，人气低迷时表明投资者心灰意冷，成交量必定萎缩。随着股价的持续下跌，量能缩减，很容易给投资者营造出阴跌走势遥遥无期的感觉。而正是在如此悲观的氛围中，主力开始逢低吸筹。

C.从宏观基本面变化进行判断。大家都明白，世界上任何股市，无论涨与跌，都与全球和本国经济走向直接相关。因此，在日常交易中，如果近来宏观经济面并未恶化，但大盘和个股却连续大跌，就要考虑是不是庄家故意设置空头陷阱了。

D.从技术形态变化判断。既然称为陷阱，那么，必定有让人感到恐慌的行为才行。比如，当庄家想故意吓唬中小投资者时，必定会在K线走势上做文章。其中，最有效的方法就是连续砸出几根长阴线，并杀穿几个主要支撑位，从而引发技术破位的恐慌，促使散户被迫止损。

2.多头陷阱及具体判断方法。

顾名思义，多头陷阱是指主力利用资金、信息和技术方面的优势，通过改变大盘或个股的技术形态，故意显示出积极做多的迹象，从而诱使中小投资者蜂拥买入，主力自己则趁机出货。

同样，散户要想判断多头陷阱是否成立，依然从以下几方面来综合分析。

A.从消息面变化进行判断。为了取得最佳效果，庄家喜欢利用各种各样的宣传手段，积极营造股市一片繁荣的良好氛围。最简便的做法，就是举办名目繁多的投资报告会、请一些名气很大的"股评黑嘴"进行胡吹、通过财经网站散布利于己方的"内幕消息"等。而当这些手段开始发生作用后，我们会看到市场上几乎全是一片看多之声，散户投资者个个群情激昂。但是，大家千万注意了，正是在各种利好消息的掩护下，获利丰厚的庄家很容易大肆出货。

B.从成交量变化进行判断。多头陷阱在成交量上的特征是随着股价的持续性上涨，量能始终处于不规则放大之中，有时盘面上甚至会出现巨量长阳走势，盘中也会不时出现大手笔成交，给投资者营造出主力正在建仓的氛围。恰恰在这种氛围中，主力往往可以轻松地获利出逃，从而构成多头陷阱。

C.从宏观基本面进行判断。与关注空头陷阱一样，大盘或个股之所以得以长时间走强，关键在于国家经济是否稳步发展或者管理层出台了利好政策。如果这两方面都没有，大盘却连续上攻，股价不断暴涨，此刻，容易形成多头陷阱。

D.从技术形态变化判断。与空头陷阱相反，如果主力要构造多头陷阱，一般会拉出几根长长的阳线，并刺穿各种强阻力位，从而刺激散户进场接货，自己则在高位不断卖出获利筹码。

第三节 小鱼小虾也有特殊生存本领

Section 3

我们见识了庄家的狡猾，那么，作为市场上扮演小鱼小虾角色的散户，有没有办法对付呢？答案是肯定的。因为，庄家的背后也是一群人，是人就会有人性的弱点。况且，就算是再凶猛的大鱼也是在经过从小被大鱼欺凌，在不断斗争中学会了一些特殊的生存本领，然后逐渐长大的。同理，很多庄家之前也都是散户，后来羽翼丰满，才有能力在市场上兴风作浪。

一 小棕熊冒险夺食意味着什么？

在动物世界里，兔子相对于老虎、狮子等体型较大的动物而言，是绝对的弱者。而在同类之间，小的动物相对于比自己大的成年动物来说，同样是弱者。比如，一只小棕熊在跟着妈妈生活到两岁半左右，体重达到几十斤时，要独自出去觅食。而此时的它们，除了要面临其他更大动物的威胁，还必须得应对那些重达400公斤成年棕熊的挑战。

棕熊的适应力比较强，从荒漠边缘至高山森林，甚至冰原地带都能顽强生活。生活在北美的棕熊似乎更喜欢开阔地带，例如苔原区域和高山草甸，在海岸线附近也常能见到它们的足迹。欧亚大陆上的棕熊则更喜欢居于茂密的森林之中，这样白天就方便隐藏了。棕熊属于杂食性动物，它们的食谱也一样会随着季节的不同发生变化。

而到了夏天，棕熊喜欢到水流湍急的瀑布边捕食鲑鱼。棕熊堪称"渔夫"，是天生的捕鱼能手。庞大的棕熊经常充分利用自己力量强大的特点，早早占据有利的位置，等待猎物出现。因为鲑鱼喜欢向瀑布上端跃起以便获得氧气，而棕熊很好地掌握了鲑鱼的这种习惯。一见鲑鱼从水中跃起，棕熊立刻张开大嘴，鲑鱼就乖乖地落进自己的嘴里，成为美餐。

可此时的小棕熊，因为力气不够，无法在身体上与成年棕熊抗衡，便只能占据水边较差的位置，如此一来，自然抓不到鱼。眼看着强者吃得津津有味，而自己的肚子饿得咕咕直叫，小棕熊只得开始想办法偷食同伴捕获鲑鱼。

其实，小棕熊也知道找那些大家伙的麻烦将极其危险，但还是不得不为之。每次看到大棕熊叼到了鲑鱼，其中一只较小的棕熊便立刻作势攻击它。而大棕熊一看到有对手袭击自己，便本能地张口还击，结果就在强者张嘴的刹那，鲑鱼便掉在河里，站在下游的小棕熊就迅速叼起鲑鱼，犹如捡到便宜的"小贼"，转身就跑。

虽然小棕熊的思维极其简单，但它就很懂得当自己无法跟强者硬碰硬时，抓住强者总想还击的弱点，没费多少力气就吃上鲑鱼，达到自己的目标。

同样，反观我们散户，要想在强者如林的股海中生存下来，就应该从小棕熊从成年棕熊口中争食的故事中得到启示，即多研究强大对手身上的弱点，多利用自己的优势，然后对着强者的弱点下手，以取得最终胜利。换句话说，小鱼小虾虽然力量弱小，但只要脑袋好用，善用IQ和EQ，照样有特殊本领生存下来。

二　散户防骗三招

前面我们分析了庄家之所以屡战屡胜，除了具备资金实力外，还经常采取各种伎俩欺骗散户。那么，我们又该如何应对这些防不胜防的骗术呢？一般来说，以下几个要点值得散户朋友多加注意。

1. 高位放量不涨，立刻抛票离场

一只股票经过连续拉升之后，涨幅已经很可观，自然获利盘也累积了很多。如果某天突然放出巨量，换手率高达10%以上，但股价却没有上涨，甚至不涨反跌，则多半是庄家出货。此刻，不必多想为什么，最好的办法是立刻抛票走

人。就算你抛出的股票日后涨上去了，也没什么可后悔的。市场一千多只股票，还怕没有值得你做的吗？

2. 追求合理利润，不可贪得无厌。

通常，除去各种成本，短线庄家（如游资）要想在一只股票上获利，大多会将股价拉高50%～200%再考虑出货。当然了，如果大势配合，有的可以拉升几倍再出货。而普通散户，技术再过硬，也很难做到与庄家完全同步（与庄家关系密切的利益方除外），完整吃完全部波段。当你发现一只牛股并追进去时，大多已经涨了两到三天了。因此，如果你跟对了庄，只要上涨趋势未被破坏，尽量持股不动，追求合理利润是没问题的。可明明主力在大肆出货，你非说是回调洗盘，还老想着再吃他几个涨停板，这就是你贪得无厌了。贪心不足的结局大多不会好过，来回坐电梯是常有之事。

3. 技术图形很重要，但不可迷信。

大家知道，现在炒股都不用去站柜台了，几乎人人都会在家里电脑上使用股票分析和交易软件。而所有的股票软件上，都有什么均线、K线之类的东西。在欧美成熟市场，技术分析尤其关键。关于这点，我在曾经的美股操盘手（美股交易员也叫day trader，意思是日内交易员，要求所有仓位必须日内平仓。美股是T+0机制，可以做空，无涨跌停板限制，当日可以做上千笔交易）生涯中，有过深刻体会。但在国内市场，由于市场走向受国家政策影响较大，所以有人认为政策分析要比技术分析更重要。

不过，无论哪种分析方法更重要，技术分析在我们的日常交易中，始终不可或缺。当前市场中，很多人喜欢用5日均线、10日均线、30日均线、60日均线、120日均线（半年线）、250日均线（年线）来分析大盘及个股走势。这就不可避免地使得很多庄家经常利用散户的这些习惯来画图骗钱，从而让那些技术派中的小投资者跳进陷阱。因此，我要告诫大家，技术图形确实很重要，但一定要结合其他工具来综合考虑交易，更不可过分迷信技术图形。

第四节 个人实战经历：
彻底兵败江西水泥

Section 4

为将本轮全球性金融危机对我国实体经济造成的不利影响降到最低，2008年11月5日，国务院总理温家宝主持召开国务院常务会议，研究部署进一步扩大内需促进经济平稳较快增长的措施。

会议确定了进一步扩大内需，促进经济增长的十项措施。据初步匡算，实施上述工程建设，到2010年底约需投资4万亿元。为加快建设进度，会议决定，当年第四季度先增加安排中央投资1000亿元，2009年灾后重建基金提前安排200亿元，带动地方和社会投资，总规模达到4000亿元。

这一会议确定的十项措施和巨额投资方案，就是后来令全球瞩目的"4万亿"经济刺激计划。面对危机，中国政府出手如此之快，金额如此之大，可以说是创造了我国多个历史第一，世界媒体和各国政府也纷纷发出赞扬和羡慕之声。

而反映到二级市场上，"4万亿计划"不仅就此促使被打压至谷底的沪深市场开始逐步回升，并直接催生了2009年的一轮小牛市。不过，最让广大投资者感到兴奋的是，我们该如何去分享如此宏大计划所带来的投资机会。

据业内人士分析，此次国务院工作会议，特别是工作会议强调"扩大投资出手要快，出拳要重，措施要准，工作要实"，显现了中央加大基建投资的力度和决心。2008年四季度基建投资加大无疑将对基建和水泥的需求构成较大的实质带动作用，相关板块也将成为国家加大基建投资拉动内需政策的最受益行业。受利好消息刺激，以中铁二局（600528）、中国铁建（601186）的基建板块和太行水泥（600553）、尖峰集团（600668）为代表的水泥板块走势，在很长时间都明显强于大盘。

由于前期水泥板块刚刚启动时，对国家"4万亿计划"的威力认识不够，导致自己未能及时入场。在痛定思痛之后，我打算寻机追击水泥板块中涨幅不大的江西水泥（000789）（见图6）。

2008年11月25日，该股在下破60日均线之后，最终收出探针探底的技术形态，有短线洗盘结束迹象。随后几天，该股继续小幅攀升，5日和10日均线也出现向上拐头趋势，股价有第二轮加速上扬的态势。12月2日尾盘最后几分钟，迫不及待的我以当日收盘价每股5.32元买入。

让我没想到的是，由于心态不稳，急于求成，我已经掉进了空头设置的多头陷阱。此后一段时间，股价先扬后抑，随后更是一路下行。12月26日，该股在连续3天跌破60日均线后未能有效收复，为防止跌势形成，扩大亏损，当天尾盘，我被迫以每股4.58元止损离场。初步估算，此次出击江西水泥最终以彻底失败告终。经过事后分析，此次操作出现失误，除入场时机没有掌握好之外，还不小心掉进了多头陷阱。

图6：江西水泥

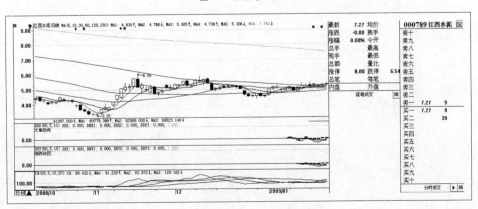

我们常说，市场上每天都蕴藏着机会，但也时时隐藏着陷阱。我的此次操作失利再次表明，股市上根本没有什么常胜将军，包括那些号称技术一流的高手，同样不可能每次都能凯旋而归。希望读者朋友们能据此吸取经验教训，避免重蹈覆辙。

本章简要总结：

在弱肉强食的股市战场，庄家之所以能战无不胜，攻无不克，除了资金实力雄厚之外，还惯常使用种种伎俩诱骗散户，并故意设置多头陷阱或空头陷阱，然后等着不明就里的散户拼命往套子里钻，再寻机一网打尽。对于诸如此类的恶毒计划，散户只要在实战中不断总结经验教训，多练习几套防骗绝招，即可在茫茫股海中自由翱翔。

第七章

—木马攻坚城—

出其不意乃中外兵法最高境界

第一节　特洛伊战争始末

希腊神话中，有一场最为著名的特洛伊战争，整个故事是以荷马史诗《伊利亚特》为中心，加上索福克勒斯的悲剧《埃阿斯》、《菲洛克忒忒斯》，欧律庇德斯的悲剧《伊菲格涅娅在奥利斯》、《安特罗玛克》、《赫库芭》，维吉尔的史诗《伊尼德》，奥维德的长诗《古代名媛》等多部著作而成，故事详细地描述了特洛伊战争的情况。

特洛伊战争以争夺世上最漂亮的女人海伦为起因，道出以阿伽门农及阿喀琉斯为首的希腊军进攻以帕里斯及赫克托尔为首的特洛伊城的十年攻城战。

特洛伊城是由宙斯的儿子达耳达诺斯的重孙子国王伊洛斯建立，它按宙斯的旨意受女神雅典娜的庇护。可在阿波罗神和波塞冬神帮助伊洛斯的儿子国王拉俄墨东修建城墙后，拉俄墨东却抵赖事先答应的工钱，使得众神愤恨，预示了城市的毁灭。

拉俄墨东的儿子普里阿摩斯的第二房妻子生下两个儿子，第一个是英雄赫克托尔，第二个是命中注定给特洛伊带来灾难的帕里斯。因可怕的预言而一度被国王遗弃的帕里斯在山中放牧的时候，面前出现三个女神，天后赫拉、智慧女神帕拉斯和爱神阿佛洛狄忒，爱神魔术般的魅力使得帕里斯选择她为最漂亮的女子，从此得到了将拥有世上最美丽女子的预言，也招致了赫拉的愤怒。

美丽的海伦是宙斯和勒达的女儿，凡间最美丽的女子。她的美丽引来了络绎不绝的求婚者。她的继父，斯巴达国王廷达瑞俄斯为避免拒绝众多人选招致怨恨，要求所有求婚者立誓与将来选中的新郎结为盟友，共同反对任何因海伦而加害国王的人。阿伽门农的兄弟，亚各斯人的国王墨涅拉俄斯被选中，与海伦结婚后，他继承了斯巴达的王位。

　　帕里斯率舰队前往希腊国试图接回被赫拉克勒斯掠走的姑母赫西俄涅，在斯巴达见到丈夫外出访问独自在家的海伦，两人立刻陷入情网。他忘掉使命，把宫殿掳掠一空，并拐走海伦。

　　墨涅拉俄斯获悉后，求助于兄长阿伽门农，招集因海伦而结盟的国王们，前往特洛伊，从此开始了惨烈的特洛伊战争。

　　最后响应战争号召的希腊国王，一个是狡猾的俄底修斯，另一个便是阿耳戈英雄帕琉斯和海洋女神忒提斯的儿子阿喀琉斯。阿喀琉斯还是婴儿时，被母亲偷偷放在天火中燃烧，要把他的凡胎烧掉，但被帕琉斯撞破，忒提斯从此躲到海中，而阿喀琉斯也留下脚跟的致命弱点。

　　半人半神的阿喀琉斯命中注定是攻陷特洛伊的必要人物，也注定死于这场战争。超人类的神勇使得他有着神一般的狂妄自大，也使他仁慈、友爱、珍视荣誉更胜于他人。从祭祀典礼中保护阿伽门农的女儿伊菲革涅亚、战场上痛惜童年挚友帕特洛克罗斯可见一斑。战争中途，他因阿伽门农的不公，愤而退出战斗，又因帕特洛克罗斯的惨死而重新投入复仇之战，他杀死了阿波罗神庇护的英雄赫克托尔，也因此走到了注定被阿波罗毒箭射中脚踵而死亡的命运终点。阿喀琉斯死后，成为奥林匹斯山众神的一员。

　　从海伦被劫到赫克托尔之死整整经历了20年。而特洛伊战争也前后持续了10年之久。在一片厌战之声中，希腊人采用了俄底修斯的木马屠城计。

　　一天早晨，希腊联军的战舰突然扬帆离开了。平时喧闹的战场变得寂静无声。特洛伊人以为希腊人撤军回国了，他们跑到城外，却发现海滩上留下一只巨大的木马。

　　特洛伊人惊讶地围住木马，他们不知道这木马是干什么用的。有人要把它拉进城里，有人建议把它烧掉或推到海里。正在这时，有几个牧人捉住了一个希腊人，他被绑着去见特洛伊国王。这个希腊人告诉国王，这个木马是希腊人用来祭祀雅典娜女神的。希腊人估计特洛伊人会毁掉它，这样就会引起天神的愤怒。但如果特洛伊人把木马拉进城里，就会给特洛人带来神的赐福，所以希腊人把木马造得这样巨大，使特洛伊人无法拉进城去。特洛伊国王相信了这话，正准备把木马拉进城时，特洛伊的祭司拉奥孔跑来制止，他要求把木马烧掉，并拿长矛刺向木马。木马发出了可怕的响声，这时从海里窜出两条可怕的蛇，扑向拉奥孔和他的两个儿子。拉奥孔和他的儿子拼命和巨蛇搏斗，但很快被蛇缠死了。两条巨蛇从容地钻到雅典娜女神的雕像下，不见了。

希腊人又说："这是因为他想毁掉献给女神的礼物，所以受到了惩罚。"特洛伊人赶紧把木马往城里拉。但木马实在太大了，它比城墙还高，特洛伊人只好把城墙拆开了一段。当天晚上，特洛伊人欢天喜地，庆祝胜利，他们跳着唱着，喝光了一桶又一桶的酒，直到深夜才回家休息，做着关于和平的美梦。

深夜，一片寂静。劝说特洛伊人把木马拉进城的希腊人其实是个间谍。他走到木马边，轻轻地敲了三下，这是约好的暗号。藏在木马中的全副武装的希腊战士一个又一个地跳了出来。他们悄悄地摸向城门，杀死了睡梦中的守军，迅速打开了城门，并在城里到处点火。隐蔽在附近的大批希腊军队如潮水般涌入特洛伊城。10年的战争终于结束了。希腊人把特洛伊城掠夺一空，烧成一片灰烬。男人大多被杀死了，妇女和儿童大多被卖为奴隶，特洛伊的财宝都装进了希腊人的战舰。特洛伊战争就此结束。

第二节　奇兵突袭方能克敌制胜

Section　2

尽管，至今人们仍然对史上到底有无特洛伊战争一直争论不休，但不管怎么说，因为沃尔夫冈·彼德森导演、布拉德·皮特主演的精彩电影《特洛伊》，全球观众对希腊人出其不意的木马屠城妙计，还是留下了极其深刻的印象。

一　攻其无备，出其不意的内核是什么？

无独有偶，在我国古代的《孙子·计》中，亦有"攻其无备，出其不意"的战法。意指出兵攻击对方不防备的地方，或者行动完全出乎敌人的意料。并且，历史上亦有奇兵突袭的经典战例。

三国时期，孙策为解除江南的后顾之忧，集中力量与曹操争雄，在固陵发起偷袭王郎的战争。太守王郎顽强抗击，孙策从水上连续数次进攻都未能奏效。这时，孙策的叔父孙静建议说："王郎凭借坚固工事进行防御，不容易很快攻克。查渎以南数十里处有一条重要的道路，最好从那里进攻，这就是所说的'攻其无备，出其不意'！我愿率部队充当先锋，打垮他是毫无疑问的。"

孙策采纳这一建议，首先造成假象，佯示部队主力仍然集中在原处，然后趁夜晚从查渎迂回到王郎的侧后，突然发起进攻。王郎惊慌失措，兵败逃窜，会稽一带尽归孙策所有。

如今，孙武所著的《孙子兵法》广泛流传，已经被世界各国普遍应用于军事、经济、外交、职场及商业谈判等领域。估计大凡中国人都对"攻其无备，出其不意"耳熟能详，但能对这部古代伟大兵法的精髓掌握透彻的人并不多。

可能很多朋友要问：那么，"攻其无备，出其不意"的真正内核到底是什么？其实也很简单，一个字：奇！这里的奇，主要是指交战的一方要善于利用对方惯性思维的弱点，更要敢于突破常规，不按常理出牌，以达到出奇制胜的功效。

而在股票市场上，当某个庄家在运作某只个股的过程中，发现自己不幸遭遇实力更为强大的主力，或想用最小的成本建仓吸筹及派发筹码时，庄家也经常采取"攻其无备，出其不意"的战法。

通常，在行动初期，目标股涨跌就那么几分钱，始终给人沉闷无比的感觉，庄家会在场内各方都昏昏欲睡的情况下，突然拼命砸盘或大幅拉升。此举容易促使对方在一片心理慌乱中，因来不及思考过多而做出错误的判断和决策，并急于行动，为后续战斗埋下隐患。而当进攻正式开始后，庄家则采取虚虚实实，声东击西的办法，干扰对手思维，从而达到以弱胜强，以少胜多的目标。

二　庄家的角色组成及操盘风格

我们知道，在股票市场上，除了国家及地方监管者、发行股票的上市公司等直接参与者之外，投资者可谓众多。比如，有公募基金、私募基金、游资、QFII、大户、散户等等，而以上这些角色中，除了散户外，都具备坐庄的实力。

1. 公募基金

公募基金是受政府主管部门监管的，向不特定投资者公开发行受益凭证的证券投资基金，这些基金在法律的严格监管下，有着信息披露、利润分配、运行限制等行业规范。根据运作方式的不同，证券投资基金可分为封闭式基金和开放式基金。

公募基金主要具有如下特征：

A.可以面向社会公众公开发售基金份额和宣传推广，基金募集对象不固定。

B.投资金额要求低，入门起点1000元即可，比较适宜中小投资者参与。

C.必须遵守基金法律和法规的约束，并接受监管部门的严格监管。

D.投资者的资格和人数常常受到严格的限制。

E.主要投资对象有股票、债券、货币、期货以及优质大盘蓝筹股。

F.崇尚价值投资，操盘手法相对温和保守。

2. 私募基金。

私募是相对于公募而言，是指通过非公开方式面向少数投资者募集资金而设立的基金。由于私募基金的销售和赎回都是通过基金管理人与投资者私下协商来进行的，因此它又被称为向特定对象募集的基金。

私募基金主要具有如下特征：

A. 主要面向特定的少数投资者筹集资金。

B. 销售、赎回等运作过程大多通过私下协商。

C. 投资起点通常较高，国内的起点一般为50万、100万元甚至更高。简单点说，募资对象为少数投资金额较大的富人。

D. 不得利用公开传媒等进行广告宣传，即不得公开地吸引和招徕投资者。

E. 基金发起人、基金管理人通常以自有的资金进行投资，从而形成利益捆绑、风险共担、收益共享的机制。

F. 监管环境相对宽松，信息披露要求不严格，私募基金的保密度较高。

G. 私募投资对象非常广泛，包括股票、债券、期货、期权、认股权证、外汇、黄金白银、房地产及中小企业风险创业投资等。

H. 追求短期暴利，操盘手法相对灵活和激进。

私募基金的优势：

A. 产品针对性更强。由于私募基金是向少数特定对象募集的，因此其投资目标更具针对性，更有可能为客户度身定做投资服务产品，组合的风险收益特性能满足客户特殊的投资要求。

B. 灵活性更高。私募基金所需的各种手续和文件较少，受到的限制也较少，至少在目前实际上还处于空白状态，如对单一股票的投资占净值的比例没有上限，不必定期披露详细的投资组合，因此，私募基金的操作非常灵活自由，投资更具有隐蔽性，投资组合随机应变。

C. 收益率更高。这是私募基金的生命力所在，也是超越共同基金之处。由于基金管理人更加尽职尽责，有更好的空间实践投资理念，同时不必像公募基金那样定期披露详细的投资组合，投资收益率反而更高。

D.激励性更好。表现在基金管理人的收益方面，往往只给管理者很低的固定管理费以维持其开支或者根本就没有管理费，其主要收入从基金收益中按比例提取。在风险方面，国际上基金管理者一般要持有基金3%～5%的股份，发生亏损时这部分将首先被用来支付，但国内大部分私募基金这一比例一般高达10%～20%。基金经理人自身承担较大风险保证了投资者与管理者利益高度一致，实现了二者之间的激励相容，这较好地解决了公募基金经理人激励约束机制严重弱化的弊端。

3. 游资。

也可以称为热钱。是指在国际频繁流动，以追逐利率差额收益或汇率变动收益为目的的短期资本，是国际短期资本中最活跃的部分。

游资主要具有如下特征：

A.投机性和目的性很强，即瞄准短期高额利润。

B.风险承受能力强，流动十分频繁。

C.投资对象多选择股票、汇率、债券期货、期指、期权等证券商品或金融衍生商品。

D.操作手法以快、准、狠而闻名，以出其不意，变化莫测见长。

4. QFII。

是合格的境外机构投资者简称。QFII是一国在货币没有实现完全可自由兑换、资本项目尚未开放的情况下，有限度地引进外资、开放资本市场的一项过渡性的制度。这种制度要求外国投资者若要进入一国证券市场，必须符合一定的条件，得到该国有关部门的审批通过后汇入一定额度的外汇资金，并转换为当地货币，通过严格监管的专门账户投资当地证券市场。

为什么要搞QFII制度？

QFII制度在本质上讲，是对境外资本实施特殊的管制。

有了QFII制度之后，如果有人看好境内经济发展前景并愿意投资境内资本市场，必须通过合格机构进行证券买卖，以便政府进行外汇监管和宏观调控。目的是减少国际资本流动对国内经济和证券市场可能造成的巨大冲击。通过QFII制度，国家相关部门可以对外资进入进行必要的限制和引导，使之与本国的经济发展和证券市场发展相适应，推动资本市场国际化，促进资本市场的长期健康发展。

5. 大户。

主要相对散户而言，意指那些投资金额较大的人或组织。例如财团、信托公司以及其他拥有庞大资金的集团或个人。至于到底多少钱才算得上大户，各营业部规定不同，有的80万即可，有的需要100万以上。

三　弱庄奇兵突袭击溃强庄。

从以上介绍可以看出，由于资金实力相对雄厚，公募基金、私募基金、游资、QFII、大户等均都具备坐庄的实力和条件。但是，根据资金实力和信息优势的不同，庄家有弱庄和强庄之分。

比如，在某只袖珍小盘股中，只有几个大户当老大时，对散户来说，这些大户只要一联手成为利益集团，他们就是足可吃人的老虎，股价的起落均由其掌握，可以说是要风得风，为所欲为。但是，当这些大户遇到比自己更具实力的私募基金时，他们立即变成小散户了。同样的道理，当私募遇到公募时，其身份不过是个大户而已。

然而，在变幻莫测的股市中，实力强大并不代表一定能夺得最后的胜利。实力弱小的一方，只要方法新奇，机智果敢，照样能诛杀强大对手！

此前，人们大多认为，游资因为投机性很强，似乎只对重组股、题材股、ST股等感兴趣，而大盘蓝筹股一直是公募基金的固有势力范围。这两大群体向来井水不犯河水，而且游资很少主动出击蓝筹股。

但是，为了各自利益，这种情况并非一成不变。当大盘处于火爆甚至疯狂阶段，蓝筹股高高在上时，游资确实不会跟基金对抗。但当行情处于持续回调阶段，基金无力托住股价，一些蓝筹股又严重超跌时，游资（弱庄）就会采取奇兵突袭的策略，一举击溃基金（强庄）。

比如：2004年年底，A股市场行情日趋低迷，大盘不断创出新低。然而，正当大多数股民都觉得盘面异常沉闷之时，谋划已久的游资却突然发动袭击，一举将一些钢铁个股强行拉到涨停。一些重仓钢铁股的基金被突如其来的行情搞得措手不及。卖吧，已经亏损累累，心有不甘；不卖吧，又怕无力护盘，股价继续下挫。而正当基金在卖与不卖之间难以决断时，已经偷袭得手的游资已经出货完毕，带着胜利者的微笑扬长而去！

按照一般的分析，当时钢铁股集体走强，应该跟钢铁股市盈率偏低，且严重超跌有关。可实际上，通过上面分析，我们已经得知，游资对市盈率、价值投资等公募基金常常挂在嘴边的那一套兴趣不大，他们的操作手法向来以快速隐蔽、攻其不备、变化莫测而闻名于世，由此，他们又得名为"涨停板敢死队"。据统计，近年国内名气较大的"涨停板敢死队"有中国银河证券宁波解放南路、天一证券宁波解放南路、国信证券深圳红岭中路、国泰君安上海江苏路等。

无独有偶，2005年3月底，"涨停板敢死队"因成功突袭上海本地股白猫股份（600633）、上海永久（600818。现已改名中路股份）、氯碱化工（600618）等，而成为当时市场的重头新闻。

根据当时的机构资金动向分析，由于大盘继续运行于下降通道，基金资金面出现一定程度紧张，为此只能收缩战线，重点防御少数几只蓝筹股，在与游资进行鏖战的过程中基本处于守势。与此同时，游资大胆攻击超跌的低价重组本地股，并且频频得手。如白猫股份（600633）从最高的25.00元跌到5.35元后，股价已经打折大半。在如此低迷的情况下，"涨停板敢死队"及时出手，只用了很小的买单将该股封死涨停，短期收益率大大超过公募基金。

从这两个实例中，其实可以清晰得出一个结论：游资的资金实力可能比不过公募基金，但由于充分利用自己动作快、思路奇、出击准的特点，攻其无备，出其不意，从而取得了弱庄战胜强庄的最后胜利。

第三节　散户亦可做到攻其不备

Section 3

众所周知，散户大多具有资金小、信息弱、技术低等客观缺陷，无论从哪方面看，似乎都不是庄家的对手。但是，看了上面的分析之后，估计有朋友要问了："作为散户，我们也可以像游资一样，也来个攻其不备，出其不意，好好戏弄一下庄家吗？我的回答是：可以！不过，这种危险性极高的斗争只可智取，力求避免死磕。

一　了解庄家是成功的关键。

庄家坐庄，最根本的目的自然是为了盈利。同样，散户来到股市，也是为了赚钱。这种不可调和的矛盾，就造成了两大群体的天然对立。而作为弱势的一方，要想对庄家实施"突袭"，首先得了解一些关于短线、中线和长线操作的概念，并对庄家的基本分类和特点有个初步认识。提前做足功课，是取得后续成功的关键。

1. 什么叫超短线、短线、中线和长线？

通常，从持股时间上看，炒股一般有长线、中线、短线和超短线之分。考虑到中国股市的成长历史还很短，很多东西都是从外国成熟市场借鉴而来，而所谓的长线、中线和短线持仓时间，在欧美股市都无明确划分标准，所以A股市场更是谈不上整齐划一了。按照我个人观点，一般将5天以内持仓看做超短线。6天至60天看做短线，2个月到1年看做中线，一年以上则称作长线。

2. 庄家的基本分类。

（1）按持股时间长短划分：

A.短线庄家

其实，以时间区分，至今仍无统一标准。一般来说，庄家运作周期从三天到半年均可称为短庄。短庄股的特征是，涨时如长虹当空，跌时如吃了泻药。这类庄家比较注重个股的题材炒作和技术形态，而对业绩不怎么关心。通常持仓量少，打一枪换个地方是惯用策略。庄家控盘程度较低，大多为3%～10%，建仓时间长的需要半个月到一个月，最短的一天即可完成。

B.中线庄家

庄家运作周期比短庄要长，时间大约在半年到一年。中线庄股的特征是，涨时不急不缓，跌时下方有明显支撑。这类庄家比较注重大盘的运行趋势，同时结合个股的业绩和良好题材预期进行炒作。庄家控盘程度大多为20%～40%，建仓时间有时需要一到两个月。

C.长线庄家

庄家运作周期相对较长，一般是一年以上，有的长达十几年。长庄股的特征是，没有让人眼花缭乱的暴涨大跌，但股价底部会在不知不觉中缓慢抬高。这类庄家比较注重政策和个股成长性研究，极少做追涨杀跌的举动，是价值投资的典型代表。庄家控盘程度高达50%～90%，建仓时间为三个月到半年不等。

（2）按坐庄家数划分：

A.混合庄

顾名思义，混合庄就是由两个及两个以上的庄家共同坐庄。这种庄家一般选择业绩优秀，流通性好的大盘股，由于盘子太大，单独一个庄家没有实力控制，就是谁也没有能力独占这个庄，只能由几个庄家联手坐庄。

B.单独庄

既然敢于坐独庄，要么是自身资金实力雄厚，要么选择的个股盘子很小，易于控盘、拉抬和后期出货。

（3）按股价表现强弱划分：

A.强庄

强庄是指那些资金实力雄厚，控盘程度较强，操盘手法娴熟，股价明显强于大盘，甚至经常逆势表演涨停好戏的庄家。

B.弱庄

弱庄是指那些资金实力相对较弱，股价走势一般跟随大盘，无明显特立独行个性的庄家。

（4）根据入庄时间来划分：

A.新庄

新庄是指首次进入某只股票的庄家。这类庄家喜欢介入刚上市的新股。

B.老庄

有新庄，自然就有老庄。是指已经进驻目标股的庄家。他们对个股的股性比较清楚，对股价的走势也往往把握得较好。

（5）根据操盘手法来划分：

A.恶庄

主要指那些在坐庄过程中，经常反复运用震仓洗盘，股价走势极其怪异，搞得中小投资者糊里糊涂，惊慌失措的凶猛庄家。

B.善庄

主要指那些走势稳定，股价起伏不大，基本没有大的洗盘，散户投资者无须费太大精力即可稳健获利的庄家。

（6）根据入场时机不同来划分：

A.顺势庄家

是指随着大盘的涨跌而进行顺势操作的庄家。

B.逆市庄家

专指那种一反常态，逆大势涨跌而进行操作的庄家。

（7）根据对大盘的影响力不同来划分

A.大势庄家

大势庄家指实力强大，能够左右大盘走势的主力，是市场上资金实力最雄厚的机构。大势庄家一般选择大盘指标股或龙头股，一来进出方便，二来可以调控大盘指数。

B.板块庄家

主要指那些经常以板块作为炒作对象，通过拉抬其中的龙头股来影响整个板块联动的庄家。

C.个股庄家

就是对大盘不怎么关心或者干脆甩开大盘，专门埋头潜心运作目标个股的庄家。

其实，如果按照不同的标准继续划分下去，庄家的分类还有更多。不过，由于本节的主要任务是讲解散户如何"突袭"庄家，也就不展开论述了。

大家只要记住：在买卖股票的时候，最好要分清自己跟的是什么庄，然后再采取相应的投资策略，千万不要蛮干。

二 散户如何巧袭对手？

在日常交易中，很多短线庄家如果想打压吸筹，通常会利用大盘走弱的时候，配合利益相关方故意炮制不利于目标股的利空消息，人为造成心理恐慌。从技术图形上看，时不时跌破重要技术支撑位，从而逼迫散户交出廉价筹码，然后自己趁机吸货。

如果你是位资历不高的散户，并且看到如下几种情况时，基本可以判断是庄家吸货。此刻，你只需捂股不放即可。倘若你是位懂得适时空仓等待机会的技术高手，那么，此时正是你大显身手，进行反向操作，出其不意攻击庄家的大好时机。

1. 短庄打压吸货的技术特点。

A. 从均线看：5日、10日和30日均线系统多为空头排列。

B. 从指标看：DMI、MACD、KDJ、BBI等常用指标方向不明，操作性很差。

C. 从量能看：股价经过急跌之后，跌幅开始收窄，成交量在底部呈现温和放大态势。

D. 从K线看：由于短庄大多是赚一把就走人，故吸货阶段的K线多以小阴小阳，或带长长上下影线的十字线（星）为主。

E. 从建仓时间看：不同的庄家，建仓时间会有所差异。短庄大约1天到1个月不等。中线和长线庄家则需要3个月到半年不等。

2. 反向操作，将计就计。

一般来说，庄家在打压吸货过程中，由于股价不是横盘就是下跌，因此认为绝大部分散户（长线持有者一般不受短期走势影响）肯定是逃的逃，跑的跑，没几个人敢"螳臂当车"，毕竟没人愿意和钱过不去。但庄家万万没有料到，正是在这一过程中，恰恰给了短线高手突袭庄家的绝好机会。

而此时的散户，在搞清楚了短庄打压吸货的操盘手法之后，只要及时进行反向操作，将计就计即可巧袭得手。

特别是，一些实力不强的庄家，喜欢在每天下午的14：45或14：50之后，突然用几笔大卖单将目标股股价快速砸低几个点，刻意构筑尾盘跳水的空头陷阱，从而促使一些意志不坚定，欠缺经验的散户在情急之下割肉走人。

但是，到了第二天，股价却是高开高走，甚至开盘后直冲涨停。大家想想看，倘若庄家在尾市故意砸盘吓人时，你善于抓住短暂时机，快速抢单入场，第二天收获5%～10%的利润可以说是轻而易举！

因此，我常说，出其不意并不是庄家的专利。只要善于学习和总结提高，散户亦可做到攻其不备。

第四节　个人实战经历：
　　　　闪电突袭华神集团

Section　4

有经验的老股民都知道，在日常交易中，大部分时候，我们会根据当时的政策变化和市场热点炒作转移情况，及时调整策略，集中自己的有生力量，追击那些吸足市场眼球的龙头个股。不过，这种大好机会并不是天天都有，否则，那散户个个都赚大钱了，谁还会说散户是天下最可怜的人呢？

没有市场热点和值得追击的热门个股，那我们就不操作股票了吗？当然不是的，通常遇到这种情况，那就只有从技术角度和看盘经验综合考量，去拿捏买入和卖出时机，与庄共舞了。

2009年3月，我就利用孙子兵法中的"攻其无备，出其不意"招法，小小地戏弄了一把庄家。

华神集团（000790）（见图7）虽说是一家以现代制药产业为核心，集中西制药、生物制药、动保药业、制造建筑及生物工程技术应用研究、开发、生产、经营一体化的高科技公司。但无论从流通市值还是业绩看，在同类公司中均排名靠后。再加上公司短期内没有资产重组的噱头，当时医药板块风平浪静，缺乏板块联动的可能性，主力也就失去了大肆炒作的理由，所以公司股价波动基本跟随大势，一直属于正常范畴，丝毫没有引起市场的任何关注。

2009年3月2日，该公司股价在跟随大盘连续下跌后，出现低开高走，并在尾盘成功收复30日均线。从技术上看，当时并无特别之处。3月11日至13日，股价缩量震荡并小幅下跌，5日均线和10日均线也被跌穿。从形态看，始终给人一种摇摇欲坠，即将破位猛烈下挫的感觉。这或许正是主力要达到的效果，将胆子较小的散户给洗出去。

3月16日，该股早盘再度低开于7元，成交量也继续萎缩。午后开盘，更是快速跌到6.88元。但在尾盘，主力突然发力拉高，出现一定护盘动作。为了确认庄家这一动作的真实性，我决定继续观望。第二天，股价平开后，略作回调随即上攻，至此，前几个交易的打压回调，已被初步证明系庄家故意设置空头陷阱，其目的就是震慑小散户。而正当主力认为散户基本被洗掉，即将进行拉升之时，我也来了个出其不意，以7.2元杀进场内，打了主力一个措手不及。

随后几天，伴随着庄家一路拉高，此前经常帮助庄家抬轿的我，终于乐得轻松坐了一会轿子。3月30日，考虑到股价在前一交易日创出11.5元阶段新高后，弹升显得有气无力，当日尾盘我以10.8元的价格清仓出局。

尽管突击华神集团的盈利率仅为50%，算不上什么好成绩。但由于策略得当，入场时机把握得不错，算是一次对庄家实施"攻其不备"的成功案例。需要特别提醒一下的是，突出奇招确实不是庄家的专利，散户照样可以使用。但一旦

图7：华神集团

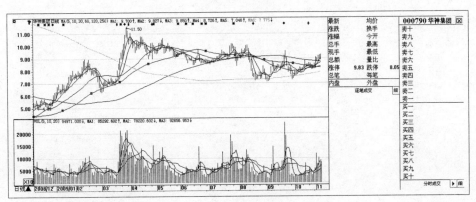

判断错误，一定要及时止损离场，不可与庄家死缠烂打，否则，打持久战的后果将相当严重。

本章简要总结：

作为中国古代兵法的精髓，"攻其无备，出其不意"至今已被世界各国军队和大型跨国企业广泛运用。而在股市上，这种经典战法也经常被实力稍弱的庄家用来攻击比自己更强大的竞争对手，以及猎杀中小投资者。在实战中，只要散户能对目前庄家的组成、类型、操盘特点等方面进行深入研究，那么，散户同样也能运用奇兵突袭的方式克敌制胜。

第八章

Chapter 8

—亡羊急补牢—

知错善改才能控制风险

第一节　老故事给散户带来什么新启示

Section 1

　　战国时期，楚国的楚襄王即位后，不辨忠良、重用奸臣，政治腐败，民不聊生，国家实力也在不断衰竭下去。大臣庄辛看到这种情况，非常着急，力劝襄王不要整天吃喝玩乐，不管国家大事和百姓疾苦，这样长此以往，楚国有亡国之虞。听惯阿谀奉承的楚襄王闻听此言，勃然大怒，骂道："你这老家伙，真是老糊涂了，竟敢这样诅咒楚国！"

　　庄辛见楚襄王不纳忠言，无奈之下只好躲到了赵国。结果庄辛到赵国才住了五个月，秦国果然派兵攻打楚国，没多久就攻陷了楚国的都城郢城。楚襄王如丧家之犬，逃到城阳。这时，他才想到庄辛以前的忠告，又悔又恨，便派人把庄辛迎请回来，他对庄辛说："过去因为我没听你的话，所以才会弄到这种地步，现在，你看还有办法挽救吗？"

　　庄辛看到楚襄王有悔过之心，便借机给他讲了个故事。从前，有人养了一圈羊。一天早晨，他发现少了一只羊，仔细一查，原来羊圈破了个窟窿，夜间狼钻进来，把羊叼走了一只。邻居劝他说："赶快把羊圈修一修，堵上窟窿吧！"那个人不肯接受劝告，回答说："羊已经丢了，还修羊圈干什么？"第二天早上，他发现羊又少了一只。原来，狼又从窟窿钻进来，叼走了一只羊。他很后悔自己没有听从邻居的劝告，便赶快堵上窟窿，修好了羊圈。从此，狼再也不能钻进羊圈叼羊了。

　　忠心耿耿的庄辛又给楚襄王分析了当时的形势，认为楚国都城虽被攻陷，但只要痛定思痛，振作起来，立即改正过错，秦国是灭不了楚国的。楚襄王听后，便遵照庄辛的话去做，果真度过了危机，楚国由此走上振兴之路。

　　在我国历史上，亡羊补牢的故事可谓是家喻户晓，人尽皆知。但是，估计没多少人对这个故事进行更深层次的分析和研究。而这正是我想要特别强调和担心的一点，即：人为什么会犯错？反复犯错为何难以避免？犯错后该如何去改正？

在日常生活中，每当我们重复原来的错误时，总会以"人非圣贤，孰能无过？"来安慰自己，或找很多借口来为自己开脱，为自己的错误辩解。时间一长，这种逃避、不正视现实的思维就会使我们渐渐失去对正确事情的不懈追求，让我们对业已存在的问题和弊端视而不见，最后落得自怨自艾，始终在原地踏步的可悲下场。

对于"亡羊补牢"这个流传甚广的老故事，很多人看过之后，笑笑也就罢了。但是，作为在股市里来回厮杀的散户，我们就很有必要对这个老故事所传递的含义进行深度思考。并且，我相信你会从中得到一个重大启示，那就是：如果能对自己的缺点进行客观分析并予以及时纠正，那么，在日常股票交易中，散户面临的风险将得到有效降低，同时获利概率将大大提高。反之，如果对自己的错误视而不见，则基本难逃亏损累累的命运。因为很多风险并不是别人强加给你，而是自己不够聪明而导致的。很多错误都可以避免，但是却因盲目自大、逃避现实而轻易放过。这个道理浅显无比，正如那句大白话所言："人，最大的敌人其实是自己！"

第二节　反复犯错是散户失败的主因

Section 2

近几年，随着中国经济持续增长，A股市场在不断发展壮大，参与股市的人也越来越多。2007年的一轮大牛市，沪市大盘一直冲到6124点，才不得不低下高昂的牛头。但是，2008年的一轮大熊市，上海市场却一度跌至1664点。如果说2007年的疯狂飙升让世界瞩目，催生了"全民炒股"的热潮，那么2008年高达73%的跌幅，同样也让全球市场目瞪口呆。

　　经过这两年的暴涨暴跌，老百姓的理财和投资意识提高不少，股市也迅速火爆起来，但事实上，股市里有个规律至今仍未改变。那就是投资股市永远都是"一赚二平七亏"。意即假设有十个人投资股市，最终的结果是，其中只有一个人赚钱，两个打个平手，而有七个人亏损。这个残酷现实，当然和广大股民想的不一样，他们极可能将真实情况调转过来，认为是"七赚二平一亏"，而且还天真又盲目地认为自己不会是最倒霉的"一"！

　　客观来说，这种严峻现实不仅存在于中国股市，反观全球市场，均普遍存在。可是，每当我们回过头去，认真总结我们自己以往的成败得失时，可能绝大多数散户都会抱怨说：你看看人家基金和券商，要资金有资金，要技术有技术，要内幕消息有内幕消息，我们拿什么跟他们斗啊？是的，这些抱怨确实没错，也点到了问题的死穴。可问题是，当这些情况短期之内无望解决之前，又有多少人想想失败是因自己引起的呢？俗话说：吃一堑长一智。但真正能做到这点的人太少，反而好了伤疤忘了疼的却占绝大多数。

　　换句话说，在股市博弈中，散户之所以经常吃败仗，除了外在因素，反复犯错亦是主因。下面，我们就来看看，散户喜欢犯哪些错误。

一　经常改变持股策略

　　我有位中学同学，前几年刚入市时，看电视上有专家说，要相信价值投资，少做短线，买股要长线持有才能赚钱。他觉得很有道理，于是，便跟着专家荐股买入。可买入后，手里的股票一直不涨。他心里就想，这样下去和把钱存银行有啥区别啊。而正在此时，他的一位做短线的亲戚正好逮到一只题材股，一连拿了几个涨停板，他立马把长线投资丢到九霄云外，跟着亲戚冲杀了进去，渴望能像亲戚一样得到辉煌业绩，看到账户上的数字"嗖嗖嗖"坐上"神舟7

号"。可等他杀进去时，主力已经开始大肆出货。随后几天，股价更是快速回落，没几个交易日，不但一分钱未赚，连本钱也亏损20%。经此一役后，他不但没总结经验教训，反而老怪庄家狡猾。结果呢，几年下来，一会儿长线，一会儿短线地折腾，频繁更换"长短线"的持股策略，差点没把老本都亏光光。

二 罔顾大局逆势操作

中国有句古话叫："顺我者昌，逆我者亡。"虽然这话过去经常用于封建社会的最高统治者对下属所言，极有王者霸气和威严劲儿，但反观股票市场，如果我们把某段时间内的大盘趋势看做是能掌控万众生命的大王的话，那么，顺势和逆势所带来的结局肯定大不相同。

在封建社会，公然反对暴君的老百姓轻则坐牢充军，重则惨遭株连。而在股市交易中，如果大盘在连续上行，牛市格局已经形成，你却罔顾大局逆势做空，盈利自然不会太好。如果大盘不断下挫，熊市格局确立，你又来个逆势操作，跟大盘对着干，心中除了"老子天下第一"的豪气和鲁莽，也就啥策略都没了，长此以往，其结果除了亏损还是亏损！

华尔街有句名言：逆势操作是失败的开始。希望常常抱怨运气不好的散户朋友，多多扪心自问一下，自己是不是老犯"逆流而上，逆势而为"的错误呢。

三 过分痴迷技术指标

如今，随着民众的投资意识觉醒，市场上各种技术书籍也应运而生。这些书籍中，有教你炒外汇的，有教你炒黄金的，也有教你炒期货的，甚至有教你炒邮票的。当然了，更多的还是炒股类技术书籍。

古人云："艺多不压身"。的确，多学习和了解一些技术，无疑将为你的投资多增加一些胜算。但是不要忘了，这些技术指标再厉害、再神奇，还得靠人去操作。你说美国人的武器够先进吧？绝对世界一流！可面对手握简单武器的对手，美国并没有真正赢得与一些小国的战争！由此可见，厉害武器确实是杀敌法宝，但绝对不是取得胜利的关键！

而在股市交易中，面对瞬息万变的市场，人的情绪面波动对操作结果显得极为重要。这也就是说，有技术自然是好事，但千万不可太过分痴迷。否则，你时刻都在研究即将要买的股是否符合这个指标，是否像那个技术形态，等你想好了、决定好了，最好的入场时机已经过了，此刻黄花菜都冰凉凉了，还买什么股呢？

正因如此，我在前面也反复提示，炒股学技术，选好用好你认为最适合自己、最为有效的几个就行了，根本没必要花大量时间去琢磨那些花里胡哨的技术指标。

根据我的经验，作为普通散户，以下几方面技术指标必须要熟练了解并能灵活运用。

1. 技术指标：KDJ（又叫随机指标，比较适合短线）和MACD（又称平滑异同移动平均线，适合中短线）两个都极为重要，一定要多练习多结合使用。

2. 均线指标：5日均线、10日均线、30日均线、60日均线等属于短线常用指标，其基本运用规则必须要深刻了解。

3. K线指标：K线指标和相关组合形态很多。不过很多形态都是从阳线、阴线和十字线演变而来，只要稍加留意，学习起来并不难。

至于其他的如TAPI（量价指标）、OBV（人气指标）、ASI（振动指标）、ADL（涨落指标）、ADR（涨跌比率）、ROC（收盘动态指标）、BRAR（气势意愿指标）、SAR（止损指标）等等，大家只需知道其基本含义即可。

虽然很多人都知道技术指标只可以做交易参考的道理，但一些号称技术派高手的散户朋友，买卖股票居然完全不管大盘环境和股票内在价值如何，一味根据技术指标炒股，其结果不是亏损累累还能是什么？

四 不愿进行独立思考。

有人说，炒股是吃力不讨好的活。意思是说，很多人花大把时间去研究大盘和个股，但炒股成绩依然不佳，甚至不如那些什么都不懂的人。的确，炒股是件磨人的事情，要想把这活干好，干漂亮，除了有资金、技术精，有时还真得靠点好运气！

于是乎，很多散户朋友，要么是因为工作忙，没时间盯盘，要么是经历过几次失败和挫折之后，觉得花时间区琢磨和学习太累，要么是碰不到高人指点，总之一句话，就是自己不愿意去进行独立思考，甚至有的人宁愿把资金交给别人，让人代理炒股，自己落得当个快乐的"甩手掌柜"。这种"懒人"策略，在超级大牛市自然看不出有什么不好，因为买什么都赚，也省去了动脑筋的烦恼，可一旦碰到大熊市，搞到最后亏钱不说，说不定因经济利益问题最后闹得纠纷不断。

五 经常患得患失。

很多朋友在自己尚未买入股票时，股市涨跌与己无关，心情自然是十分平静。可一旦参与交易，情况就大不相同了。毕竟，人们之所以投身股海，谁不希望赚钱呢？

如此一来，每当我们看到报纸或电视上，说某某地方发生什么大事导致国际油价大幅飙升，某某公司因做假账被监管机构调查时，我们便会条件反射地想：明天的股市会不会跳水？自己持有的股票是否会发生相同的倒霉事情？如果明天下跌，到底是卖出还是继续持有……

而这些焦躁不安，患得患失的负面情绪反映到股票交易时的具体体现，就是在买卖时瞻前顾后，老下不了决心。具体操作时，反复的心态会让人感到莫名紧张、压抑，长此以往的后果，会促使自己情绪波动较大，白天无心工作，夜晚经常失眠。所以我常常对朋友开玩笑说：心理素质不好的人，建议不要轻易跳下股海了，否则到时脆弱的神经可受不了这个折腾！

摇摆、固执、痴迷、懒惰、焦躁，都是散户容易犯的错。应该说，犯错人人都会。甚至我们可以说，社会的持续进步与发展，包括人类社会的很多伟大发明，也是人类在不断犯错、不断实践之中发明创造。因此，我们也可以说，犯错其实并不可怕。但可怕的是，重复犯错却不愿努力纠正，任由错误像滚雪球一样越滚越大，那就是散户自己的问题了。

第三节　纠正错误真的就那么难吗？

Section 3

有人会问了："到底是什么原因，导致人会经常犯同样的错误呢？"而实际上，对于这一问题，至今仍未有任何让人完全信服的解答。

不过，从心理学角度分析，有人说，人之所以时不时犯同样的错误，关键在于人性中存在"惯性"所致。而这些所谓的"惯性"（或称习惯）几乎无时无刻不在影响着我们日常生活的方方面面。比如，我们每个人的生活总是有无数或好或坏的习惯。小到个人的吃饭、穿衣、悲喜、微笑，大到与社会和他人有关的理想、交际，以及伦理道德。

我们知道，好习惯可以让人变得健康、积极、上进、自信，使自己离目标越来越近，而坏习惯则会让人变得消极、懒惰、颓废、自卑，使自己与目标背道而驰。但是，每当我们遇到此前同样的事情，我们脑海曾经的记忆仍会起着神奇的作用，最后导致同样的应对办法和错误结果。虽然事情过后，我们知道自己是在做一个错误的决定，可是潜意识中

"惯性"已经发生了作用。

由此可以看出，要真正纠正错误，最根本在于改变习惯。可中国有句老话：习惯成自然！还有句更精辟的是"江山易改，本性难移"。意思是，当某种习惯慢慢变成自然之事时，要改变实在太难！可"难"并不等于"不能"。所以，在我看来，纠正错误并不是我们想象中那样困难！

同样，只要散户敢于尝试改掉投资坏习惯，把好的新习惯坚持下来，相信在不久的将来，将成为令庄家感到心烦甚至害怕的高手。

那么，要达到尽量少犯错误，避免重复犯错，不要一次次将脚放进同样冰凉的河流，弄湿鞋袜搞坏心情，散户又该如何具体去做呢？

一　坚持做好操作记录，及时总结经验教训。

很多散户朋友之所以没有"吃一堑，长一智"，最主要的原因，是老认为过去的事情已经过去了，不必再去费心费力地反复思量。甚至科学家研究表明，人对一些不好的记忆会采取一种自觉的"鸵鸟精神"来躲避，有些偏执的人还会患上"选择性失忆"，彻底丢掉犯错的过去。平日里，我们劝人也经常说："都过去了，别多想了啊！一切都会好起来的。"而正是这种"既往不咎"的思维惯性，无意中造成错误一犯再犯的恶性循环。

有时人越长大，越容易忘记一些幼时老师教导的"纠错妙法"。还记得童年时听写某个字时老是写错吗？老师会建议你做一个"纠错本"，狠狠抄写这个出错的字，反复练习"正确"，直到烂熟于心，错误也就无机可乘了。

为此，我认为，要想彻底改变坏习惯，作为股市的亲自参与者，我们最好在每日交易完成后，把当天成功的部分记录下来，对自己进行一个小小的心理鼓励。与此同时，也要把当天发生的错误操作记录下来，并花二十分钟时间进行复盘，以便及时总结经验教训，防止下次重蹈覆辙。这种方法，和小学生的"纠错本"有着异曲同工之妙。毕竟，散户的资金本来就不多，如果老是重复错误，多亏几次连老本都没了，还谈什么追求利润呢？

二　坚持综合考量选股，不可单腿走路。

在A股市场，有的人喜欢依据政策变化选股，有的人则喜欢依靠技术形态选股，而有的人干脆凭感觉选股。目前，这些选股策略中，成功和失败都有，所以，很难说哪个绝对好，哪个绝对不好。

不过，大量事实证明，单独依靠一个方面选股，失败的概率肯定要大于成功的概率。就像一个独腿人士，他再怎么厉害和坚强，跑步的速度也肯定不如双腿健全的人。比如，当市场传闻说国家即将出台某项行业利好政策时，哪怕相关个股的技术形态很差，庄家照样能把股价炒到天上去。此刻，依靠政策选股就能占到很大便宜，而如果依靠技术，则会错失良机。而与此相反，当市场走势平稳，没有什么比较重大的政策出现时，依靠技术选股其可靠性要高于政策选股。

但是，如果我们在选股时，多综合考量政策与技术各自不同优势的话，那么，胜率将大大提高，而败率会随之降低很多。

三　坚持理性投资，拒绝赌气式操作。

讲到理性投资，很多朋友觉得很难把握。这种观点看似有一定道理，实则不然。为什么？因为只要你随时保持头脑清醒，心态放得更加平和些，获利并不难。当然了，欲避免反复犯错，其中有一点很关键。就是市场不相信眼泪，更要拒绝赌气式操作。

我的一个学生，在某大学读研究生。2008年6月，他跟同学打赌，两人的赌局其实很简单，就是各拿出1万元投资股市，买什么不限，当月谁的收益达到10%（即赚回1000元）就请对方吃肯德基！

说心里话，对于有人在股市对赌，我一向反对，因为这已经背离了正常的股市操作原则。为此，我建议我的学生不要和别人对赌。不过，既然他很想做，后面我也没有多说什么。

可结果呢？一个月下来，两人全部出现大亏损，我的学生亏损25%，他的同学亏损达32%。面对如此结局，我的学生傻眼了！后来，我问他为什么会是这个结果，问题出在什么地方。我的学生才老实承认说："我不该在大盘处于下降通道时操作！更不该跟别人赌气，因为赌局一开，心里老想着赚钱来证明自己。每天都在换股操作，越炒心态就越不稳定，总是想到一旦赌输会被人嘲笑抬不起头来，在这种紧张情绪支配下，老是遇到烂股，最后全部都是割肉离场，唉！"

对了，这就是问题所在。我们打开股票行情软件，可以清晰看到，去年6月份，正是全球经济危机席卷各大股市的紧要关头，而上证指数从6月2日的3426点开始，到6月30日时，已经跌到2736点。短短一个月，指数暴跌20%。

像这种情况，指数一直被所有的均线死死压制往下走，根本就不适合交易，贸然杀入危险极大！我的学生却偏偏头脑发热，为了证明自己有多能干，在大盘极差的情况下，逆势而为，反复进行赌气式操作，如此一来，不出现亏损才是怪事，还期待什么盈利10%？

四 坚持随机应变，莫把顽固当个性。

都说股市如小孩的脸，说变就变。这就要求我们，面对内外环境的急速变化，必须要时刻保持灵敏的嗅觉，一旦觉察出风险逼近，一定要坚持随机应变的原则，及时调整应对策略。此刻，千万不可盲目地把顽固不化当成自己的个性。

就像是2007年，市场一直高烧不退，连清洁工大妈都把那点银行存款投入股市了，就希望抱个"金元宝"回家。对此，管理层开始不断密集提示风险，可大多数人根本听不进去。只有少数人看到了风险提前下车，卖股旁观，在一边休养生息。

当沪市股指疯狂攀上6000点大关时，大盘终于掉头向下。此刻，如果你非要玩玩个性，始终持股不动，一门心思想着股指冲上1万点再了结利润，情况就不妙了。而这种顽固个性的最终结局，估计除了后悔还是后悔。

"亡羊补牢"的故事告诉我们，一旦发现问题，只要及时改正，一切还来得及。但是，无论是日常生活还是股票交易中，大家要做的不仅仅是解决补上羊圈窟窿的表面问题，而更要找出羊圈本身就不够牢固的根本问题。

换句话说，勇于改变旧习惯，建立新习惯固然重要，也值得鼓励，但是，最为关键的，还是要全面提升自己的综合素质和炒股水平，以防患于未然。而对于散户来说，知错善改才能最大限度控制风险，尽可能地增加利润！

第四节　个人实战经历：
##　　　先赢后亏登海种业

Section 4

2008年，A股市场和世界其他主要股市一样，被全球经济危机打击得喘不过气来。不过，在这一年中，沪深市场同样涌现出了像ST盐湖（000578，现已改名盐湖集团）、界龙实业（600836）、隆平高科（000998）、登海种业（002041）（见图8）、广州冷机（000893）几只为数不多的牛股。

尽管这些熊市中的所谓牛股其涨幅远不能跟大牛市的超级黑马股相提并论，但它们能抵挡住大盘的暴跌冲击，反而出现上涨，已属难能可贵。

2008年7月7日，登海种业（002041）在经历过一轮迅猛拉升、回调，再回升的过程后，我觉得后面还会有一波更大的涨幅。因为从5日、10日，甚至30日均线看，全都出现多头排列，加上大盘也连续几天小幅反弹。于是，我以每股27元的价格介入。随后，股价也如期连续反弹两天，但很快就陷入上蹿下跳的剧烈震荡状态。

根据以前的经验，只要个股中短期均线被有效跌破，必须立即无条件停损离场。可这次，我却犯了散户最容易犯的两大毛病：

第一，虽然沪指大盘7月10日最高触及30日均线，但很快被打落下来。此后几天，股指仍被30日均线死死压制，并且60日、半年线、年线已经全部拐头向下，形成空头排列，中长期趋势已经向淡，处于明显下降通道，这种大环境根本不适合操作个股，最适合空仓休息。

第二，当登海种业（002041）股价在7月8日未能突破前期高点30.87元，并在9日收出十字线后，实际上我完全有机会小赚一笔从容离场。但由于心存侥幸，8月1日，当股价跌破60日均线时，我仍然没有执行止损。总觉得自己的选择没错。直到8月12日，经过几天的加速下跌，并杀穿年线时，我才下定决心以每股16.5元割肉清仓。

在这场近身搏击的战斗中，我经历了先赢后亏，再次尝

图8：登海种业

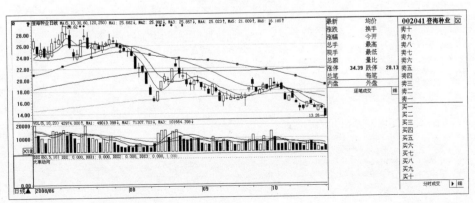

到了来来回回坐电梯的感觉。这也同时证明了一个道理：在熊市中，最好不要冒险追击什么所谓的牛股。因为，牛股之中的庄家也不可能一直和大盘对着干！如果实在手痒，非要逆势而为，一般结局都比较难看。而我本次在登海种业上亏损38%的痛苦教训，不可谓不惨痛不深刻，真是值得大家在今后的操作中小心借鉴！

本章简要总结：

　　作为世间凡人，犯错是人人都避免不了的，但作为散户，可千万不能反复犯错。因为如果做不到"吃一堑，长一智"，那么你的账户资产可能会在一次又一次的割肉中快速缩水，直至亏光本金含泪挥别股海。有无方法可以解决？答案是肯定的，除了要对自己容易犯的毛病有清醒客观的认识，还要想方设法去纠正这些错误。

第九章

Chapter 9

—灵猴难捞月—

散户千万别患上股市幻想症

一个夜晚，有只小猴子在井边玩，它往井里一看，里面有个月亮，小猴子叫着："糟了！糟了！月亮掉到井里了！"旁边的大猴子听见了，赶紧跑过一看，跟着叫起来："糟了！糟了！月亮掉到井里了！"老猴子听见了，也跑了过来，并且也跟着大喊："糟了！糟了！月亮掉到井里了！"附近的猴子听见了，全都跑了过来，大家群情激动，叫嚷纷纷，有种"天快要塌下来"的世界末日感。这时，有只向来精灵的猴子建议："既然月亮掉到井里了！咱们快把它捞上来吧！"

于是，猴子们爬上了井旁边的大树，老猴子倒挂在大树上，拉住大猴子的脚，大猴子也倒挂着，拉住另一只猴子的脚，猴子们就这样一只接一只一直挂到井里，小猴子挂在最下面，小猴子伸手去捞月亮，手刚碰到水，月亮碎成亮亮的小光片，竟然在水中消失不见了。正当小猴子纳闷的时候，老猴子一抬头，看见月亮还挂在天上，喘着粗气说："不用捞了！不用捞了！月亮好好地挂在天上呢！"

第一节　名校美女痴迷男星之惑

Section 1

听了猴子捞月的老故事之后，很多朋友可能觉得还不过瘾。下面再为大家讲个名校美女痴迷男星的凄惨故事。

有位漂亮女孩，出生书香门第，父母是艺术学院教授。因为从小天资聪颖，又长期受良好的家庭艺术氛围熏陶，这位女孩琴棋书画样样在行，聪明灵秀事事精通。此外，她在学业上也是顺风顺水，从中学一路保送到名牌大学硕士毕业。按理，拥有那么多大好的条件，她的爱情和事业可谓是一片光明。但很不幸，自从高中开始，她就极其崇拜一位港台男星，并且那种崇拜已经到了疯狂失控的地步。尤其要命的是，她总是认为自己貌如天仙，学识又好，完全算得上是内外兼修的绝世佳人。为此，她偏执地觉得自己才是这位帅哥男星的最佳结婚对象，除了她，世间还有哪个庸俗女人配得上那位男星呢？在日常生活中，她除了把自己的闺房贴满了这位男星的照片外，还在心里暗暗下定了今生非他不嫁的决心。

但问题是，因为一直被华丽的"明星光环"所笼罩，身边向来围绕大把美女，天底下想嫁给这位男星的女人实在太多了，就算要结婚，哪里又轮得上这位自恃条件优秀的女孩呢？而在现实社会中，这位名校美女眼光极高，根本看不上身边的男孩子，总认为他们比自己的偶像差距太大，浑身都是毛病，和偶像完全不是同一个级别。如果与一个跟自己不般配的男人勉强生活在一起，骄傲的她觉得这是世间莫大的痛苦，她宁可选择终身不嫁。

眼看女儿"走火入魔"，父母是急得如热锅上的蚂蚁，赶紧到处张罗给女儿介绍男朋友。为了尽量符合女儿的标准，父母只得使出浑身解数，委托七大姑八大姨遍寻目标，可每次把那些春风得意的海归、博士或年轻企业家领进门，话还没说上两句，这些精英人士无一例外被早已芳心暗许的美女冷漠地一票否决。

因对男星"痴心不改"，至今，这位已经38岁高龄的美女仍然孑然一身。每当有人问起她何时打算结婚时，她仍然痴情地回答："我心中的他现在还没结婚，我会继续等他。将来就算他结婚生子了，我也甘愿为他一辈子守身不嫁！"闻听此言，我不知道读者们是何感受，反正我个人有种如鲠在喉的感觉。

虽然没有人能真正知道猴子的智商到底有多高，但不可否认的是，猴子的模仿能力和学习能力极强。因此，在中国古代，猴子因古灵精怪，又被称为灵猴。那么，为什么聪明的猴子捞月会失败呢？很简单，因为猴子毕竟缺乏最基本的科学知识。

如果说猴子的失败是智力不够的话，还说得过去。可是，后面这位名校美女的所作所为，就难以让人理解了。即便我们对其"疯狂且幼稚"的想法不能妄加评判对错，但从各种症状看，她显然已经患上了幻想症。在她的想象国度里，渐渐分不清现实和梦境，其症状已经达到了极为严重的地步。如果不及时进行治疗，后果将不堪设想。

第二节　可怕的股市幻想症

Section 2

上小学的时候，老师经常会问大家："小朋友们，你们长大了都想干什么啊？"然后，欢呼雀跃的小家伙们都会争前恐后地抢着回答："我要当军官！我要当科学家！我要当飞行员！我要当医生……"

很明显，老师发问的目的是期望学生们能提前对自己的未来假设一个理想，启发大家的思维。至于这些理想将来能否实现，完全有赖于每位学生今后的个人奋斗和机遇。

其实，在人的成长过程中，几乎每个阶段，我们每个人都会为自己设定下一步要达到的目标。比如：读小学时，你会希望能考个重点中学。读中学时，又期待将来能考上北大或清华。读大学时，则希望能顺利完成学业，进政府做高官或到外企拿高薪。工作后，马上又觉得给人打工，前途堪忧，不如开家自己的公司为好。开了公司以后觉得赚钱太难，最后又关闭了事。诸如此类的目标，无论是长期或短期的，其实都可以称为理想。只不过，在很多时候，我们搞不清楚到底什么是理想、什么是梦想，什么又是幻想。而上面那位女孩的异常表现，表明她不再是单纯的理想和梦想，而是已经患上了幻想症。

而反观股票市场，面对稍纵即逝的机遇和随时存在的风险，很多散户也会不知不觉将美好的理想和梦想，最终"升级"成不切实际的股市幻想症。

刚开始，很多人进入股市，可能只想赚点小钱，打发打发时间。可当他们碰到大盘形势很好，发觉炒股赚钱很容易时，就觉得自己资金太小，发财太慢，甚至他们急迫地想在一夜之间暴富，成为戴名表、住豪宅、开好车的所谓成功人士。而正是在这种欲望的不断膨胀和驱使之下，最终刺激一些散户借钱炒股，而且动不动就满仓操作，以为"搏一把大的，免数十年打拼"，好走捷径的人往往都有丰富的想象细胞。等泡沫炸裂时，亏损最厉害，信心受挫最重的，往往是这些充满幻想的散户。

一 何为股市幻想症？

要搞清楚股市幻想症内涵，首先必须要知道什么叫幻想症。简而言之，幻想症是指对一件事情产生没有理由和根据的以及持续的想法，并导致自己精神恍惚！据此延伸，股市幻想症就是，一个人对股市过分着迷，时刻期待在股市大发横财，并且经常在交易时出现坐立不安，手脚冰凉的现象。

其实，只要根据以上症状进行认真对照，估计在几千万股民中患上股市幻想症的散户不在少数。既然存在股市幻想症，那么，它对我们有何危害呢？又该如何去解决？下面我进行初步剖析。

二 股市幻想症有何危害？

我们知道，一个人不可以没有理想和梦想，否则，他将失去奋斗目标，整个人也会变得无所追求，整天浑浑噩噩。而成千上万的人奋不顾身地跳进股海都是为了赚钱，没有说我就是来亏钱的，除非他脑筋不正常。在庞大的股民群体之中，有的人比较理性，目标明确，每年只求盈利10%～20%，比把钱存银行强就很满足了。但有的人呢，赚了50%还嫌不够，非要翻倍才觉得心里舒服。

倘若你运气好，国家经济发展得不错，大盘正好走牛，一年下来赚1～3倍的利润，确实不为过。不过，遇到像2008年那样的大熊市，你非要期望大赚特赚，就叫贪心不足了，甚至严重一点说，这叫患了股市幻想症。

一般来说，股市幻想症有如下危害：

1. 奢望过高，容易打击自我信心。

通常，合理地设定目标，有助于激发人的各种潜能。但是，如果你奢望过高，而过高的目标一时又做不到，或者在实施计划过程中，反复遭受失败时，很容易造成负面的心理暗示，进而打击自我信心。我们经常说的"希望太大失望也大"就是这个意思。

比如，经过一番深入研究之后，你信心十足地满仓买入某只股票，希望这匹"黑马"能带给你至少几个涨停板，好让财富大幅增长。而一旦手里的股不听使唤，偏偏被庄家来个死劲砸盘，估计你不被气得破口大骂才怪。这种情况遇到一两次还能承受，倘若经常遭遇"暗算"，你买股的时候一定会变得缩手缩脚。

2. 心神不宁，经常导致错误操作。

自从被庄家骗过后，一些相对理性的散户朋友会立即总结经验教训，不断提高自身技术，以期来日再战。而另外一些散户，则很少愿意在自己身上找原因。一旦遭到庄家无情戏弄和宰杀，实现不了当初定下的远大目标，他们除了痛斥庄家的残忍和狡猾，还总怪自己运气很背。可下一次再与庄家遭遇时，照样是人家的下饭菜。长此以往，心理素质本来就比较弱的散户心情大受影响，并引发焦虑不安、头冒虚汗、手脚冰凉等症状，而心神不宁的结果，会导致在交易时频频出现错误操作。

3. 恶性循环，从此不敢参与交易。

股海淘金，除了必要的技术之外，强调的就是心态要够好够平和。不过，有人就说了："这股票一涨一跌，可关系着我的钱呢，心态又怎么能好啊？"说得没错，股价的上下涨跌，都和我们自身经济利益挂钩，谁都不是圣人，想做到完全的"心如止水"，除非我们根本没有碰那只股票。但大家都清楚，既然来到股市，要想最安全地获利，而不必承受任何风险，实际上根本不可能。而我们能做的，是尽可能地降低亏损风险，提高成功盈利的概率。

这也就是说，如果保持心态平和，做到"不以涨喜，不以跌悲"，则我们就能透过股价涨跌的表象，看到主力的战略意图。而如果患上股市幻想症，屡遭失败之后，势必会造成信心受挫。如任由这种心态恶性循环下去，又会让我们从此不敢买股，因为，"一朝被蛇咬，十年怕井绳"的古训会深刻于心，而不买股就无法赚钱，自然也就失去了投资股市的意义了。

三 解决股市幻想症的几点建议。

既然股市幻想症危害甚大，那么，有什么办法解决呢？客观来说，这一问题涉及股市心理学，而心理上层面的东西较为复杂，不过，我愿意提供几点建议，供大家参考。

1. 了解一点股市心理学。

简单而言，将心理学应用于股市实战，就是股市心理学。它大致可分为两个部分：第一部分是临盘分析和盘后总结，第二部分是盘中实战。

临盘分析是在观察大盘或个股走势时，适时跟进盘面变化情况，来预判盘中主力的实力、战略意图及可能采取的操作方式，并分别据此提出应对的措施，目的是为在实盘中捕捉战机。盘后总结，就是我们常说的复盘。意指每天交易结束后，最好对当天自己的成败得失进行总结，为下一次战斗做好充分准备。

关于盘中实战，就是根据临盘分析的结果，多方面结合量价关系、均线系统变化、K线图、市场人气等指标，进行买卖操作。

而无论是在哪一个环节，都要求我们必须对场内的各种对手心理有一定预测和可能性分析。

由于我国股市起步较晚，发展时间不长，所以目前一些系统性的理论架构尚不健全和丰富。其中，包括股市心理学，就很少有中国股民了解。但是在欧美发达国家，这方面的内容就比较丰富。例如，投资心理领域的专家约翰·W.斯考特博士，这位曾帮助过众多投资人了解股市决策中隐藏的心理因素的"心理医生"，就专门写了一本叫《股市心理学》的书，他在书中对人的基本投资心理、买进、持股和卖出时的心理进行了有趣的分析。感兴趣的朋友不妨多了解一点股市心理学方面的知识。

2. 始终将风险意识铭刻于心。

凭心而论，只要是股市的参与者，无不希望市场天天走牛，大家都有钱赚。但只要我们冷静地想一想，这种事情只不过是美好愿望，在现实中是绝对不可能的。既然天天走牛不现实，那么，风险意识变得不可或缺了，甚至我们要将之铭刻于心，而不是挂在嘴上说说而已。

记得每次A股市场出现大暴跌时，媒体时不时报道有投资者跳楼轻生的惨痛新闻。为股票放弃宝贵的生命，并非中国特有。回顾世界股市的发展历史，几乎每个国家的股市都会有令人沉痛的事件发生。股票市场，一方面可以制造奇迹，批量生产富翁，而另一方面，又是一部让人可怕的"杀人机器"。

对于广大散户来说，除了学会必需的投资技巧，保持平和的心态，还要将风险意识放在首要位置。投资股市，前提是保本，然后才是盈利。倘若没有风险意识，投资者可能在某段时间次次做对，赚钱无数，但最终会输掉一生。说得直白一点，没有风险意识的投资者，进入股票市场通常不会有什么好结果，因为他在10次交易中，前面9次赚的钱还不够他最后一次交易失败亏损的金额。

随着中国经济的持续高速发展，老百姓手里的生活富足了，手里的余钱比以前多了，投资意识也觉醒了。于是，不可避免地进入了"全民炒股"的历史新阶段。当前，很多老人用退休养老的钱去买股、将要结婚的青年用买房的钱去买股、工资本来就很低的环卫工人也把多年积蓄投进股市，更有甚者借钱炒股，贷款炒股、合伙炒股，甚至挪用公款炒股，以为自己可以在股市"以小搏大"，赚得眉开眼笑。所有这些现象，都是严重缺乏风险意识的表现，很让人感到担心。

人生在世，做任何事情都有风险，只不过，有的风险系数较低，有的风险系数较高。而股市明显属于后者。所以说，完全忘记风险将所有身家投进股票市场，并不值得提倡。股票市场永远是少数人赚多数人的钱。关键是，人都愿意听好的话，往好的方面设想，因为大多数人都太过自信，便想当然认为自己能够成为少数人中的一个。一旦自信心爆棚，必然昏头操作，犯错收场。

那些因为股市暴跌而自杀的投资者令人唏嘘不已。生活的意义有很多，生活的乐趣也有很多，生活的来源也有很多，但他们的生命却被波动的股价而吞噬。造成这一悲剧的根本原因在于他们自身对风险的漠然无视，将生命的意义全部押到了股市。被大家说得烂熟的"股市有风险，入市需谨慎"其实真的有着它颠扑不破的道理在里面。

用部分闲钱还是用全部积蓄进入股市，对大部分投资者来说，这不是对股市的态度问题，而是人生的一种境界。如果将股市博弈看做是一种消遣，一种乐趣，一种检验自己判断的途径，那么，即使股票市场崩盘，即使投资者的股票最终被逐出这个市场，你也不会绝望，更不会用极端的方式来逃避失败，因为你还拥有更多的钱财，还拥有更有意义的生活。

管理层在2007年股市处于疯狂时接连发出的风险警示，对于那些对股市了解不深，却梦想着发财的投资者完全是必要的，也是及时的，但很少有人听取。有谁比A股市场的管理层更了解A股市场？市场上的上市公司价值几何？潜力怎样？他们心里比我们清楚得多，可很多投资者却不愿自己思考。管理层失败的不是风险教育，而是"保护中小投资者"措施不力，最终中小投资者没有受到保护。

永远把风险意识放在首位。我们都只是普通投资者，不是天才，也不是股神。可惜，绝大部分人虽然这轮输了，到了下一轮牛市，他们依旧认为自己是股神，最终还是会把本金亏掉。

3. 放弃逢重大节日股市必涨的惯性思维。

因为A股市场"政策市"烙印较深的原因，中国股民有一个极为特殊和错误的惯性思维。那就是，只要是遇到国家重大节日和重要事件举办期间，总期待管理层出台利好政策，营造良好舆论氛围，推动股市上涨。好像只有这样，才能体现出全国上下一片祥和欢腾，祖国各地欣欣向荣的喜人局面。可事实证明，这些想法是不切实际的。

其中最有代表性的案例，就是2008年的所谓"奥运行情"。2008年8月8日晚8点，举世瞩目的北京第二十九届奥林匹克运动会开幕式在国家体育场（鸟巢）隆重举行。而当时正在遭受"黑熊"折磨的中国股民并未盼来红通通的大好行情。相反，就在奥运会开幕当天，沪指暴跌121点，股指跌幅高达4.47%。回顾奥运开始之前和举办期间，很多媒体和著名财经人士纷纷摇旗呐喊，呼吁政府果断出手救市，可至8月24日奥运会结束之时，沪指从8月8日的2724点跌到8月22日的2405点。至此，股民翘首企盼的"奥运行情"最终以彻底失败告终。

在某种程度上讲，政府某一时期的态度和政策，确实能对证券市场的发展起到巨大甚至决定性的作用。但只要我们稍微保持一点理性就会发现，股市的发展纵然对政策异常敏感，但它运行的大趋势，主要还是受制于自身特有的规律。

由此可见，在今后的炒股过程中，我们最好不要盲目期待什么"国庆行情"、"春节行情"等诸如此类的东西了，别以为遇上节假日，股市就有义务给你派发红包，趁早收起这种不切实际的想法吧，免得误入歧途。

通过对以上几方面的深刻认识，相信散户能在参与证券市场时清醒认识自己，努力摆正位置，尽早自我诊断和解决股市幻想症，做一个理性、阳光、快乐、健康的新时代股市投资者。

第三节　散户趁早抛弃炒股发财的美梦

Section 3

在本节开始之前，我先给大家设定一个问题："炒股能发大财吗？"结果不用问也知道，赞成和反对的人都不会少，而且争论必定异常激烈。

赞成炒股能发大财的人会举例说："世界投资大师巴菲特，靠的就是投资股市，日进斗金，其拥有的财富比肩微软大王比尔·盖茨，一度成为世界首富呢。"反对这一观点的人，可举的例子就更多了。他估计会说："巴菲特赚钱无数不假，但那只是极个别现象。其概率比买彩票中500万还要低很多。只要看看我们身边的人，亏损累累的人可以说遍地都是呢。靠炒股发财，简直是大白天做春秋大梦！"

的确，根据股市"一赚二平七亏"的规律进行概率分析，除了一些资金实力雄厚、技术超群、眼光独到的大师级人物外，靠炒股发财的人少之又少。相反，大多数当初怀着发财美梦的中小投资者，最终难逃亏损的命运。

那么，如此说来，这股是不是就不能炒了呢？当然不是的。如果股市真的不能投资了，国家自然也不会想尽办法去发展壮大证券市场，更不会有千千万万的股民持续不断地涌入股市。换句话说，人人都知道股市有风险，但个个都愿意去"以身试险"。造成这一现象的原因何在？原因似乎有很多很多，但归根结底一句话：股市充满着无穷魅力！而要知道股市的魅力在哪里，必须先了解股市的基本功能及缺陷。

一　股市的四大基本功能

随着我国资本市场的不断发展，关于股市功能问题，近些年可谓争论不休。各种各样的表述都有，但又都难以概述全面。不过，经多方比较和研究，我认为以下几方面功能已经取得业界共识。

1. 优化资源配置。

股市的资源配置功能主要有两点：一是一级市场的资源配置功能。目前，在A股市场，股市资源的配置过程主要是在一级市场通过IPO方式完成的。股市筹集的资金进入到企业，上市公司之所以能筹资，能被市场认知，在于它能提供被投资者认知的产品和劳务，在于它能生产社会需要的紧俏、盈利的产品。二是二级市场再融资的配置功能，主要是通过上市公司的增发和配股来实现的。上市公司的持续融资功能就是社会资源再配置功能的体现。

2.价值发现。

价值发现功能是指在资本市场上一只股票的现实和潜在的价值，而从社会的角度说，它所表现的是一家上市公司为社会和股东现实和未来的贡献度。这一功能和企业真实的信息反馈和评价密切相关。人们通过股市所反映出的综合信息进行判断和投资，指导着价格方向，进而引导资源的分配。这种价值发现使人们能够看到某一行业、某一企业的内在价值，使人们对未来做出理性判断。这种发现一定要符合一定客观规律，所以它能推出一个概念，并且引导市场，人们承认这个概念，用超过人们现实中比用简单的成本价值要高的潜力判断去看待它，人们在股市中趋利避害的本能以及这种发现和投资人的利益相关性，决定了这个发现的过程是理性的，它标志着一个社会的理性经济走向。在市场经济条件下，个体趋利避害的无形之手引导整个市场经济的规律向前发展，因此要普及整体利益与局部利益一致的思想，市场经济承认以单一个体为本源的自然发展，倡导个体和总体利益的一致性，其奥妙在于私人在追求自身利益的同时，只要具备社会要求的理性和道德，遵守法律，恪守诚信，社会的总体利益就会得到同步放大。

3. 股市的增值。

股市的增值功能主要体现在股票的增值功能上。股票有三种价格、即票面价格，账面价格和交易价格，在论证股票的增值功能时，票面价格无意义，交易价格不能自身证明，唯有论证账面价格最能说明问题。股票的账面价格又被人们称为股票的含金量，一个公司的总体含金量是通过其所有者权益（净资产）反映的，而净资产是由股本、公积金、未分利润组成的。股份公司的分配制度决定了其年度利润分配，必须要先完成盈余公积金的提取，而这一基金的提取又决定了上市公司每股净资产含量的提高，这决定了股票有内在增值功能。如果我们把公积金的提取当做股票增值功能的内生变量，那么上市公司通过增发和配股所导致的每股净资产的增值功能，则是外生变量。这两个变量从财务分析上能直观看到股票的本金是可以增长的事实，股票的账面价格可以从1元涨到5元，正是源于这一机理。而股票账面价格增长导致的本金的增长是其他金融资产如储蓄、债券所不具备的。而账面价格的增长则是直接导致股票交易价格上升的合理因素之一。

4. 晴雨表。

资本市场不仅是一个资本和物的生产要素的配置场所，而且是一个国家乃至世界政治、经济、军事、文化信息的集散地，股票二级市场的价格与这些信息的质量正相关。因此，不仅股民而且一般民众，不仅企业家而且政治家，不仅国内各界而且国际各方，只要和所在国的利益相关，都会关注这个市场。而一个国家、一个社会环境的变化也同样会最先从这一市场反映出来。因此，资本市场更是一个信息场。在市场经济崇尚资本至上的旗帜下，资本的选择是最敏感的；在市场经济推崇公平、公正、公开的交易准则下，这一信息的反映在理论上说也是最公平、最准确的。因此，资本市场的风向标和晴雨表功能从表象上看是市场经济条件下人们进行交易、判断重要的参照系，而从实质上看反映的则是社会政治、经济形势是否稳定和发展。它是中国了解世界和世界了解中国的最重要窗口。

尽管由于种种原因，如政策不够明晰、机构理解有误、股民跟风操作，在某些特定的时期，大盘和个股会走出和一个国家政治及经济形势不相吻合的走势，但从长期看，在正常的情况下，股市是具有晴雨表功能的，股市价格与其价值在长期走势上应该是一致的。它与赌场的靠赌运和赌技好坏决定输赢是完全不同的。

二　中国股市有何缺陷？

无可否认，鉴于我国国情的特殊性，对于年轻的中国股市而言，目前存在着以下几大缺陷：

1. 新股发行制度不合理。

我国证券市场的新股发行上市制度比较特殊。名义上说是全流通，实际上是小部分高价发行，大部分所谓暂时不流通的股份则是1元1股，一年后就可以上市流通，到二级市场高价卖出。这种以高市盈率发行，夹带着巨量大小非私货涉险过关的发行上市制度，其不公平的程度是显而易见的，也是其他国家所没有的。新股发行给机构提供了一个炒作的机会，高市盈率发行加上机构高中签率，有条件在开盘时狂拉股价，而中小散户无疑例外是殉葬者。

2. 基金制度不合理。

现行基金收费制度非常不合理。原因有两点：一是投资风险由基民承担，而基金公司却稳赚不赔；二是正向引导与激励效果差，而反向引导与激励的效果却很强。基金公司的利益只与交易规模有关，交易量越大，公司收益越高，基金投资收益好坏这一关键要素却成了对公司收益无直接影响的次要因素，显然，基金公司要想获利的最直接、最有效、最快捷、最简单的方法就是想方设法"扩大交易量"。通俗一点说，基金不管盈利还是亏损，其收益均和规模挂钩，申购费、赎回费和基金托管费保证了他们的既得利益，但基民的利益却无法得到有效保障。

3. 独有的大小非问题。

"大小非"是一个历史遗留问题，在2005年之前中国的股市分为不可以上市的法人股和可以上市面向公众发行的流通股。因为之前的法人股不可以上市，所以其上市公司管理层不关心股价，致使投资者利益得不到保护。管理层为了解决这一问题，进行了股改，待股改锁定期满以后，公司法人和股东的非流通股就变成了流通股，和现在的流通股享受一样的权利。而由于"大小非"成本相对便宜，一旦大量集中解禁上市，很容易对市场造成冲击。

4. 交易机制不健全。

在欧美市场，大多实施T+0的交易机制，而且可以买空卖空。而A股市场目前尚未做到这些，这就使得投机氛围浓厚，容易造成市场单边上扬或下跌，股指暴涨暴跌的问题特别突出。

三　股市到底有何神奇魅力？

众所周知，影响股市大盘和个股运行趋势的因素很多。从宏观上看，有政治因素、经济因素、利率因素、供求因素、制度因素、流动性因素。从微观上看，有上市公司业绩因素、行业政策变动因素、资产重组因素、题材炒作因素、人为操控因素、心理变化因素等等。

因受到太多因素的综合影响，股市的涨跌变化自然具有很大的不确定性、突发性和偶然性。而正是这些在其他市场所不具备的独特表现，使得股市犹如一个巨大的磁场，吸引着越来越多的人参与其中，从而推动着股市不断发展壮大。简单概括，股市魅力大致有以下几点：

1. 炒股可以赚快钱。

在A股市场成立以前，除了买国债、彩票和保险，本来就不富裕的中国人投资渠道实在少得可怜。而这些传统投资渠道，要么是回报太低，赚钱太慢；要么是赚钱的概率过低。不过，在股票市场出现之后，情况出现了惊人变化。

比如假设你之前投入1万元买彩票，可能零零碎碎能中几百千把元。但如果你把这笔投资股票，加上技术和运气好一点的话，两个涨停即可净赚2000元左右。想想看，两天的盈利相当于很多人一个月的工资了。此外，股市不必像开店那样麻烦，三天两头跑工商，跑税务，还要大老远地去进货。如今网络发达，在家敲敲键盘就能完成交易赚快钱，谁不愿意呢？

2. 炒股可以证明自己的能力。

大家知道，把钱存银行最安全，最可靠，但也最无趣。利息少得可怜不说，根本没有任何挑战性。而人天生都有挑战自我的原始冲动。由于股市正好具备不可预测性和很大偶然性，一旦自己在股市搏杀中盈利了，哪怕在其他事情上自己做得并不好，心里也觉得舒服，通过炒股证明了自己的聪明才智。

3. 炒股可以满足虚荣心。

无须讳言，人人都有虚荣心。只不过有的人表现得强烈些，有的人表现得隐蔽些。因炒股赚钱而产生强烈的虚荣心，可以说是随处可见。相信在同学或朋友聚会时，很多人都遇到过别人炫耀自己炒股如何厉害的类似经历。只要有人随意奉承他两句，说他是"股神"，那么，他会很受用，心情也格外舒畅。

4. 炒股可以提升综合素质。

在没参与股市之前，大多数年轻朋友除了抽烟、喝酒、玩游戏、打麻将、逛街等，再无其他兴趣。年纪稍大的大爷大妈，除了凑在一起摆龙门阵、聊点家长里短，就是打太极、下象棋。可一旦投身股市，这些原有的爱好通通不见了！为了选到一匹"黑马"股，原来不怎么关心的国家政策、国际油价和美元涨跌，全都列入了学习和关注范围。如此一来，股民的各种知识在无形之中也得到提高，视野不断得到拓展，综合素质也得到提升。

5. 炒股可以使生活丰富多彩。

虽然人人都希望炒股赚钱，但市场不可能永远上涨而不下跌。不过，无论市场涨与跌，因为都是股民，人们在日常生活中，会发现与其他人交流时，除了日常小事，相互交流一下炒股经验和心得，似乎成了一个长谈不衰的热门话题。如此一来，很多股民也觉得视野开阔了，话题有趣了，生活也更加丰富多彩了。

四 散户为什么要抛弃炒股发财的美梦？

介绍完股市的基本功能和魅力所在之后，我必须要对散户特别提出建议。那就是：散户要想在股市长期生存下来，最好趁早抛弃炒股发财的美梦！

一听此言，可能很多人不高兴了，心想："真是的！你这不是不让人发财吗？"

不过，即便如此，我仍然坚持这一建议。原因其实很简单，几十亿地球人，巴菲特毕竟只有一个。再说了，在目前的制度下，A股市场出现"中国版巴菲特"的概率可以说是微乎其微。虽然通过坚持不懈的学习和提高，散户确实能跟庄成功并战胜庄家，但最关键的一点，既然称为散户，你的资金毕竟有限。而在涨跌停制度尚未改变的情况下，如果你有50万元，想在短期之内炒到1000万元，可谓难上加难。

所以，我认为，炒股和做其他任何事情一样，都必须得有个科学合理的计划。什么叫科学合理？简而言之，就是你制定的目标切实可行，就算高一点，只要使劲跳一跳，还是可以实现。比如，假设你在年初投入10万元买股，设定的年盈利比率是30%，也就是到年底时计划赚3万元。如果大盘行情不算太差，这个目标完全可以达到。但如果你投入10万元，却老梦想着天天骑"黑马"，一年想赚它50万，也就是盈利为500%，那就严重脱离实际了。直白点说，这种好高骛远的所谓理想，其实就是幻想。

常言道：有梦想才有未来！那首脍炙人口的奥运歌曲也唱得非常贴心：有梦想谁都了不起！此话有道理。作为散户，只要你尊重市场规律，一步一个脚印，自然可以在股场树立自己的远大理想。相信总有一天，市场自会给勤奋的你以丰厚回报！但是，如果你老幻想那些遥不可及的事情，并且执迷不悟，那么，也极有可能像那位名校美女一样，最终的下场就是暗自神伤，独留哀叹！

第四节　个人实战经历：
##　　　　过高期待西飞国际

Section 4

在本章第二节中，我专门指出，散户一定要放弃过去那种逢重大节日股票必涨的思维。可能有很多人不太相信。下面就以我个人在国庆前追击西飞国际的实战案例，来证明过高期待重大节日大盘及相关板块一定上涨的想法是多么不切实际。

2009年10月1日，是新中国建国60周年，根据中央的安排，我国将举行隆重的国庆大阅兵。60周年国庆阅兵将重点展示中国特色武装力量体系建设的成果，展示大量国产现役主战装备，将使军工行业的关注度得到空前提高。

近10年来，随着十大军工集团快速发展，2008年有4家军工集团的经营规模超过千亿元。按照产业发展趋势，我国的军工行业正在进入与资本市场相互依赖，共求发展的新时期。

而从2009年8月24日开始，随着国庆临近，以中兵光电（60043）为龙头的军工股就已经开始了第一波攻击。当天，航天长峰（600855）、航天电器（002025）、航天电子（600879）、贵航股份（600523）、航天晨光（600501）、成发科技（600391）、中航精机（002013）、中航光电（002179）、西飞国际（000768）（见图9）、中国卫星（600118）、哈飞股份（600038）、新华光（600184）、航天通信（600677）等纷纷封上涨停，板块联动效应明显。

考虑到主力在8月底就发动航天军工股行情，时间过于提前，容易出现夭折，于是，我决定在9月底，国庆来临之前再

图9：西飞国际

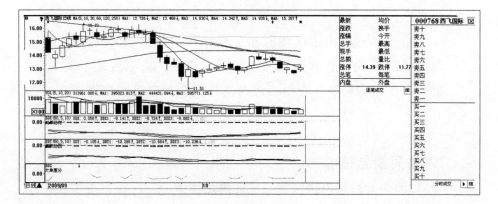

潜入正宗的军工股西飞国际。我心里想：无论到时大盘表现如何，这次的国庆大阅兵可是10年一遇，航天军工股不大涨才怪呢？

9月29日，在经历了几天的连续回调之后，大盘收出单针探底的技术形态。第二天，也就是国庆前最后一个交易日，沪深市场收出小阳线。当天，西飞国际低开低走，尾盘出现急速下滑，我觉得这是庄家故意设置空头陷阱，目的是为了恐吓散户，便于节后展开拉升。于是，我也不管当时该股技术形态并不适合买入的情况，完全凭自己的美好愿望决定建仓，买入价为每股12.6元。

10月1日，在天安门广场上，中国军队向世人展示了改革开放30年来所取得的巨大成就，随着一系列具有世界技术先进水平的新型武器装备精彩亮相，我也期待着我在节前买入的股票在国庆过后，能一飞冲天，大赚一笔！

10月9日，国庆长假终于结束，A股市场迎来节后的第一个交易日。当天，在众多利好消息的刺激下，沪深大盘双双放量暴涨，市场呈现普涨格局。但让人感到失望的是，航天军工板块表现平平，西飞国际也是不温不火。

随后几天，大盘持续攀升，而西飞国际的走势一直波澜不惊，并且，随着半年线和30日均线的不断下移，西飞国际似乎失去了大幅走高的动能。10月26日，由于该股盘中一度跌穿5日均线，反弹乏力，我在尾盘以每股13.7元的价格全数出掉。

虽然，这次出击西飞国际小有收获，算不上失败，但也再次提醒了我，在利益至上的股市实战中，大家还是不要太把节日气氛当回事，否则，过高期待只会带来过度失望。

本章简要总结：

因为炒股可以赚快钱，又能满足虚荣心，所以，很多散户喜欢做炒股大发横财的美梦。而由于奢望过高，当一时达不到目标，或者遭受打击时，也容易打击散户的自我信心，并出现错误操作，最终陷入亏损不断的命运。其实，只要你尊重市场规律，一步一个脚印向前迈进，那么市场一定会帮你实现理想，但要记住了，绝对不是幻想！

第十章

—杀鸡为取卵—

心态平和可防庄家斩尽杀绝

第一节 股市游戏无关卑鄙和高尚

Section 1

不知道朋友们是否听过杀鸡取卵的故事？故事是这样的：从前有个人，家里养了只老母鸡，这只鸡特别能下蛋，可有一段时间这只鸡老是不下蛋，而且还病歪歪的。那个人想，这鸡不下蛋留着也没什么用了，就杀了这只鸡，破开鸡肚子后发现这只鸡生病的原因原来是生了胆结石，大大小小的胆结石就像鸡蛋一样。杀鸡的时候正巧邻家大嫂过来串门，误以为此人为取出鸡蛋而将鸡杀了。就四处说这人杀鸡取卵，鼠目寸光，把好好的一只能下蛋的老母鸡给杀了。很明显，故事的寓意原本是指一些人只贪图眼前的好处，而不顾长远利益。

可实际上，杀鸡取卵的事情几乎在任何行业都存在。远的不说，就拿A股市场2008年中国平安的天量再融资事件来说，它之所以引发社会高度关注和股民强烈不满，最主要的原因是上市公司不顾当时的大环境和市场承受能力，悍然干出了"杀鸡取卵，竭泽而渔"的事情。

中国平安的天量再融资事件大致情况如下：2008年1月21日，中国平安发布公开增发方案，计划再融资规模近1600亿元，堪称史上第一单。而据资料显示，中国平安于2007年3月1日在A股上市，上市前净资产总规模不到400亿元，上市后也只有1000亿元。可就是这样一家公司，再融资开口就是1600亿，其贪婪可谓无人能及，血盆大口也张得太过吓人。

中国平安天量再融资方案公布之后，市场立即做出激烈反应。当天，该股毫无悬念地被封死跌停，并引发权重股集体跳水。在一片恐慌气氛之中，上证指数盘中连破5100、5000、4900点三大整数关口，收盘时竟然暴跌5.14%。虽然当日大盘遭遇深跌，除外围市场大跌以及宏观调控预期外，中国平安公布的巨额再融资方案无疑是引发空头发威的关键。

更让广大投资者感到痛心和气愤的是，中国平安的再融资公告，只称"为了适应金融业全面开放和保险业快速发展的需要，进一步增强公司实力，为业务高速发展提供资本支持，公司拟申请增发A股"，对于其增发目的和用途并未明确。也就是说，中国平安并没有讲清楚再融资项目，就直接从市场张口圈钱，这一行径又怎能不引起投资者集体声讨和谴责呢？

2008年5月8日，中国平安发布公告称："鉴于现阶段中国资本市场较为波动，再融资申报的条件和时机尚不成熟。在现阶段（公告之日起至少6个月内）不考虑递交公开增发A股股票的申请。同时，中国平安将根据市场状况和投资者承受能力，慎重考虑分离交易可转换公司债券的申报和发行时机。"虽然中国平安"不识时务"的疯狂计划最终以失败告终，但人们对中国股市这种广泛存在，杀鸡取卵式的再融资方式，其痛恨之情从未停止。

按理说，每个企业都希望做大做强，努力提升业绩，这是好事，投资者自当举双手赞成。可如果上市公司把资本市场当做满足一己私欲而圈钱的"提款机"，则完全是对社会资源的滥用。更为可怕的是，目前市场上存在着一股"歪风"，就是当一家公司进行再融资时，很容易引发群体跟风效应。长此以往，资本市场的健康发展从何谈起，又如何去实现？

自再融资事件出现后，很多投资者说中国平安不配用"中国平安"四个字作为公司名称。更有甚者，干脆称一些无良上市公司极其卑鄙和可耻。而在日常股海搏杀中，庄家因极其狡猾和残忍，同样被经常遭遇无情宰杀的散户看做是可恶的吸血鬼。

不过，在我看来，投资股市说到底，其实就是一场游戏。只不过，这种游戏同时具有合法性、危险性、盈利性等鲜明特征。说得现实一点，既然来到股市，人人都是为了赚钱，没人希望亏钱。庄家是这样，散户也不例外。换句话说，尽管庄家和散户的角色迥异，实力有别，但各自的最终目标却高度一致，据此分析，股市游戏也就无关卑鄙与高尚了。所以，在今后的实战中，散户千万别期望庄家大发善心，网开一面，因为这种想法完全不符逐利资金的原始本性。

第二节　心态决定成败

Section 2

目前市场上普遍存在一个奇怪现象。就是很多时候，散户希望能成功跟到庄，好好赚上一笔。可一旦遇到亏损，马上对庄家口诛笔伐，破口大骂。那么，这一现象说明什么问题呢？很简单，它充分说明散户普遍有着非理性、不成熟、跳跃式的心态。

可能很多朋友听说过诸如细节决定成败、性格决定成败等说法。但我却认为，在股市博弈中，是心态决定成败。既然心态如此重要，那么散户和庄家的心态有何不同呢？下面我们就来了解一下。

一　散户典型心态。

1. 满脑子抄底和逃顶思维。

只要是炒股的人，估计没有人不想买在最低位，卖在最高位，把鱼头、鱼身、鱼尾全部吞进肚子里。可事实是，天下没有任何人能百分百做到这点，包括那些牛气哄哄的基金经理。

虽然明知不可为，但很多散户却是满脑子都是抄底和逃顶的可怕思维。

特别是，每当看到大盘和个股跌了不少时，也不管当时的大环境和技术形态怎样，反正觉得价格已经很低了，再不抄底就划不来了。可一旦买入，才发现新低不断，后悔已经来不及了。这可从2008年很多人抄底抄在5000点和4000点高位得到证明。相反的情况是，当大盘和个股在经过大跌之后，开始触底回升，涨了一点点，而一些散户因熊市思维作怪，一天老想逃顶，可刚卖出股票，股价继续大涨。这就应了那句话："抄底逃顶，搞到最后壮烈牺牲。"也就是说，往往抱着这种心态的人，"牺牲"多过成功！

对于股市里绝大多数投资者而言，做好最基本的"低吸高抛"、"波段操作"就已经是很不错了。大家想想看，连那些资金实力雄厚，足以发动一轮大行情的机构都没法做的事情，一个中小股民更没有能力去改变行情的运行趋势，因此，自然也就无法预知在什么地方展开攻击，什么地方卖股下车。散户千万别老抱着抄底和逃顶的思维，否则只会自寻烦恼。

2. 一味盯着手中个股。

前面说过，股市的运行受各种外界和内在因素的影响。如果没有大局观，完全不关注国际国内大势，只顾埋头做个股，则成功的概率会大打折扣。这就好比一头勤奋的老黄牛，只顾埋头拉车，根本不看前面的路况，等它跑了很远的一段路，再抬头看路时，早已经与此前的目标方向背道而驰。在股市中，除了个别走势凌厉的强庄股外，绝大多数个股走势基本与大盘吻合。

3. 天天满仓操作，就是不愿空仓。

这是散户的老毛病。有的人，无论大盘好坏，总是天天交易，根本不愿意空仓等待。仿佛股市是印钞机，只要有一天不在里面交易心里就觉得发慌难受，好像"亏大了"。而且，更危险的是，不管自己懂还是不懂，技术水平如何，动不动喜欢满仓操作。可结果呢，一旦发生系统性风险，大调整一来，想跑都跑不了，只能眼睁睁看着账户数字不断瘦身缩水。

4. 拒绝止损，死猪不怕开水烫。

关于止损和止盈，只要是股民都知道很重要，因为这两点直接关系到自身利益。不过，由于心态不稳，通常导致无法长期执行。特别是，有的散户见一两次止损后没几天股价又涨了回来，下次就抱有侥幸心理不再止损。结果就陷入买进、止损，再买进、再止损，最后干脆变成了死猪不怕开水烫的"悲壮"局面。

5. 资金不大，持股不少。

我们知道，散户资金通常很小，少的几千上万元，多的不过几十万。可就是这点资金，手中持有的个股却不少。动辄拿着三四只是常有之事，更有甚者，干脆握着10多只股票。好像唯有如此，风险才会有效分散。殊不知，人家常说的"不要把鸡蛋放进一个篮子"的话，主要针对大资金而言。

6. 宁可做错，不愿错过。

股市有句名言："宁可错过，不可做错。"意思是，宁可放弃一些赚钱的机会，也不要轻易做错。但很多散户恰恰相反，因为经验不够，技术欠佳，又贪心不足，看见大盘一涨就忍不住杀进场内。彻底变成了宁可做错，不愿错过。其最终下场，自然地成为庄家的盘中餐。

二　庄家典型心态。

1. 计划周密，力求有的放矢。

庄家坐庄，一般需要动辄几千万，甚至上亿的资金。为了实现获利的终极目标和尽可能保证资金安全，无论长庄和短庄，在展开行动之前，都会召集相关部门和人员，甚至利益相关方进行周密计划，对舆论造势、建仓吸筹、洗盘、拉抬、出货等每个步骤提前布好局，对在操作过程中可能出现的种种意外情况也会想好应对之策。这样认真的目的，自然是力求使行动开始后，做到有的放矢，始终控制着局势向利于己方的方向运作。

2. 理性为王，摒弃赌博习惯。

虽然在实战中，因为大局骤变、计划欠妥、目光短浅、操之过急、硬干蛮干等诸多原因，少数庄家也会坐庄失败。但大多数庄家在操盘时，通常强调理性为王，坚决摒弃赌博的不良习惯。他们深知，股市处处有陷阱，稍不注意，就会遭遇大面积亏损。而很多散户则恰恰相反，干脆把炒股当做赌博，成败与否全靠运气。

3. 冷静为上，频频反向操作。

股市有很大不确定性和突然性，最具体的表现就是，在毫无征兆的情况下突然出现暴涨或暴跌。遇到此类情况，散户要么唯恐错失赚钱良机而奋勇追高，要么担心逃跑太慢而恐慌杀跌。而庄家一般要表现得相对清醒和稳健些。常年混迹股市，经验丰富的他们肯定会立即动用所有资源，搞清市场背后的秘密。然后迅速利用反向思维打击散户。简单来说，就是当大盘狂涨，人气高涨，散户追进时，一些庄家悄悄卖股开溜。而当股指急泻，散户选择杀跌时，庄家却乘机在低位接货。

4. 耐心潜伏，等待反击时机。

前面说过，庄家也是由普通人组成，根本不是什么预知未来的神仙。尽管他们计划周密，但也难以确保次次获利。有时，庄家信心满满地杀进目标股，却没想到大环境忽然转坏，风云变色之下，大盘指数和个股狂跌不止。而庄家在前面已经投入成本不少，此时如果割肉离场，显然很不划算。于是，经过冷静分析之后，他们通常会选择耐心潜伏下来，等待下一个反击时机的来临。

三 为什么说心态决定成败？

有人说，人的一辈子别看有几十年，其实都是围绕着三件事来做，那就是认识自己、认识别人、与人相处。而这其中，如何能清醒地认识自己最重要，难度也最大。或许，在生活中，大多数人都感觉自己对自己最了解，对别人很难了解，但实际上情况并非如此，甚至有可能完全相反。常言道，人最大的敌人其实是自己，说的就是这个道理。

尤其在热闹非凡的股票市场，可以说是处处充满着机会，也时时隐藏着风险。一旦不小心掉进陷阱，遭遇挫折之后，散户第一反应要么是谩骂庄家太狠太坏，要么是怪自己运气太背太差。这种反应其实已经凸显出散户心态容易波动起伏。说得简单点，散户经常因错误操作引起心态变坏，再度导致错误操作，并由此形成恶性循环。试想一下，如果不及早改变这种状态，又怎能跟庄家进行竞争呢？

说实话，要彻底解决心态不稳的老问题很不容易，但不容易不代表做不到。为此，我提出以下几个问题，希望朋友们认真思考。

1. 必须要搞清楚自己的炒股目的是什么？

对于这个问题，想必很多人不屑一顾。要问炒股的目的？当然是赚钱啊！说得没错，可如何去赚？预期赚多少？不同的方法、不同的期待，其炒股计划也会大不相同的。比如，如果是一门心思想靠炒股大发横财，那么不如直接去买彩票，说不定运气好发一笔横财，就能中500万呢。如果是希望在提高理财知识的同时，获取比银行存款稍高的收益。那么，可以将盈利目标设定得科学合理一点。

2. 必须要明白自己处在什么位置？

散户群体的主要构成为在读学生、工薪阶层、下岗工人、退休人士、年轻白领、有一定闲钱的私企老板等，但无论是什么身份，资金小、实力弱可以说是散户的基本特征。

正是基于这些特征，大多数时候散户只能处于守势，而庄家处于攻势。除非技术和经验达到一定水平，可以伺机出击戏弄庄家。一般情况下，作为散户，还是老实点为好。不要本领都还没练好，就整天老想着没影的事。

3. 必须要知道自己了解对手多少？

估计这个问题很多散户不愿去想。的确，要了解隐藏在交易系统背后的庄家，很费时费力，难度极大，可又不得不为。因为受时间有限和渠道不畅等原因限制，任何人都没法完全了解那么多的机构情况，但最起码一点，想在股海遨游，庄家的操盘手法、步骤和策略，你必须要尽量熟悉。闲着没事的时候，多去一些基金的网站看看其持股情况、业绩情况，始终不是坏事。古话都说了："知己知彼，方能百战不殆。"

4. 必须要把握好入场和离场时机。

股市有谚云：会买的是学生，会卖的才是师傅。这句话的意思是说能选择到有潜力的股票、找到一个比较好的买入时机算是高手，但能把股票卖在最高位才是超高手。如果没有把握住卖出的时机，你之前所做的一切努力都有可能成为"无用功"。

但在我看来，把握好最佳入场和离场时机，同等重要。原因何在？如果你每次都是等股价拉升了一波再追进去，即便你卖在高位，但又能赚多少呢？说不定，买进还没两天，就给套住了。所以说，买得更低是先决条件，然后才有卖得更高的可能性。

当然了，无论买或卖，要想完全找到最佳节点，实际上概率不大。但如果心态保持好了，技术过关了，还是可以慢慢向这一目标靠拢的。

5. 必须要考虑如何与各种各样的对手相处？

在市场中，假设某只股票中的庄家是私募基金，那么，它就与散户构成了最主要的矛盾关系。但其他的如公募基金、游资、大户则同时与散户构成次要矛盾关系。而根据主要矛盾和次要矛盾辩证关系原理，主要矛盾和次要矛盾相互依赖、相互影响，在一定条件下可以相互转化。也就是说，在某段时间内，私募是主导股价涨跌的庄家，而到了一定时候，游资的角色又变成了庄家。所以，考虑好如何与各种对手相处，显得很是重要。

只要按照上述方法长期坚持，相信你的心态会好很多。而原本浮躁不安的心态变得平和与理性之后，交易时出错的概率也会随之变少，炒股业绩必将得到大幅提高。

第三节　胆大心细可保散户驶得万年船

Section 3

在股票市场上，普通散户可能认为只有资金才是成败的决定因素。但炒股高手都知道，股海博弈实际上受实力、智慧和心态等三大因素影响或制约。下面，我们来重点分析一下这三大因素的相互关系。

一　实力是基础。

可分为资金实力和技术实力。正是因为可用于投资股市的钱较少，所以才被称为散户。这一基本的定义表明，资金实力相对较弱是散户的共同特征。而且，这一天然的缺陷，短期内是难以改变的，我们必须得去坦诚面对。

至于技术实力，完全可以靠后天的努力得以提高。因此，散户没必要在技术方面畏惧庄家。毕竟，再厉害的庄家，也同样用相同的技术指标，遵守一样的游戏规则和交易软件。

不过，谈到交易软件，需要特别说明一下。有散户经常发邮件向我咨询："姚老师，现在有很多能监控大资金流向的收费软件，要不要购买？"对此，我的回答是："如果你投资股市的资金相对较大，有五六十万，甚至上百万，可以考虑购买，毕竟有个功能较多的软件作为决策帮手也不错。但如果你本来资金就只有几万元，而光买这些软件每年就要三四万元，那你用于交易的资金将被占去大半，实在有点划不来。如果想看类似的数据，顶牛网（网址http://www.dingniu8.com，决不是给顶牛网做广告）同样有实时的超赢资金进出数据，而且完全免费，对散户来说已经够用了。"

我们知道，一个国家要在强手如林的残酷竞争中占据优势，雄厚的财力和军事实力是基础，如当今的超级大国美国，可以说是处处占尽先机。如果非要给实力（包括资金和技术）在股票交易中的作用做个总结和定位，完全可以说实力是任何投资者取得成功的最主要基础。

二 智慧是保证。

股市智慧，简而言之，就是股海淘金的各种生存和战斗技巧。庄家虽说资金实力雄厚，技术实力超强，但要做到百战百胜，也要股市智慧。同样，散户作为股市中处于弱势的一方，自然更需要股市智慧。因为只有学到了一定的技巧和战法，才能保证你的股市行进之路充满欢歌笑语，而不是牢骚满腹，悲泣连天。那么，散户必须拥有哪些股市智慧呢？在我看来，下面几条极为重要，大家务必要记清楚。

1. 在股市赚几笔小钱很容易，难的是一辈子赚钱。

这个原则和那句"做一件好事容易，一辈子都做好事却不容易"有着相似内涵，讲的都是"短期的好"和"长期的好"之间存在天壤之别。投资大师巴菲特有句名言："只有到退潮之后，你才知道谁一直在裸泳。"意思是说，在股市赚几笔小钱很容易，几乎人人都能做到。投资股市最难的是持续盈利，赢多亏少。只有真正达到一定人生境界，才能避免成为最后的裸泳者。

2. 幻想一夜暴富是导致散户失败的关键原因。

因为没有涨跌幅限制，在欧美股市，一夜之间成为百万富豪或失去所有财富，极为正常。而按照目前A股涨跌停限制为10%（ST股为5%）的制度设计，这是根本不可能的。所以，散户朋友最好不要幻想一夜暴富，那只会让你失去理智，导致最终亏损。

3. 无法形成自己独有的操作方法，喜欢盲目跟风。

人人都知道创新很难，我们也不可能每个人都去设计一套自己的系统。但鉴于股市运行无常态，要想达到盈利的目的，散户就不能老是盲目跟风，必须形成一套自己独有的操作方法，否则庄家会在前面挖好坑，故意诱导你跳进去。

4. 当邻居大妈蜂拥入市时，市场离顶部已经很近。

典型的例子是2007年。当时，随着大盘一路攀升，一些媒体和股评家整天大吹大擂，说中国股市要领导全球资本市场。加上看到身边的人纷纷买了股，赚了钱，邻居大妈太极也不打了，麻将也不玩了，菜篮子也不拎了，小孙子也不接了，天天削尖脑袋往营业大厅跑，可后面"股灾"一来，套住散户无数！今后再遇到这种情况，你应该考虑抛股离场了。相反，当营业部寥寥无人，大盘跌得面目全非时，表明市场已逐渐接近底部，此时，可以考虑进场捡便宜货了。

5. 炒股的底线是尽量保住本金，再考虑盈利。

有的人却反其道而行之，先想着如何盈利，把风险意识抛到脑后。等亏了钱，再回头看本金时，已经被反复割肉割掉了不少。而达到"先保住本金，再考虑盈利"的目标，办法只有两点：勇于止损和永远不要满仓操作。

6. 炒股赚钱看似简单，实则很不容易。

在很多外行（尤其是没有亲身参与股市交易的人）看

来，炒股不过是敲敲键盘，在电脑上下单，转眼之间，实实在在的钞票就进来了。可实际上，这只不过是表象而已。真正在下单时，之前投入的大量研究和分析工作是极为辛苦的。就像很多大富豪，成功之后大家看到的是他光彩夺目的一面，至于他奋斗过程中曾经遇到的无数曲折和坎坷，很少被人关注和重视。

当然了，关于股市智慧的讨论有很多，但我觉得，以上这些尤其值得散户朋友认真思考和注意。

三　心态是关键。

前面一节，我们说心态决定成败。具体点说，有了资金，你才具备参与股市的资格和基础。有了技术实力，你会变得更有信心。有了一定的股市智慧，你会变得更具攻击力，也更加大胆。而取得最后胜利的关键，是胆大心细。说得直白一点，胆大心细可保散户在股海长期驰骋，行船时的安全性大大提高。

而所谓胆大心细，出自《旧唐书·孙思邈传》"胆欲大而心欲小，智欲圆而行欲方"，意指形容办事果断，考虑周密。

股市交易，看起来无非就是买和卖，极为简单。可为什么只有少部分人赚钱，大部分人亏钱，而且基本上是散户亏钱呢？关键就在于心态。有的散户，要说资金也不少，炒股也有好几年了，资历也不算浅，可一年到头就是挣不了几个钱，原因还是心态不稳。

买股要细心、捂股要耐心、卖股要狠心，三者缺一不可。在股市里奋斗的人，有90%是聪明人，只有10%是所谓的"傻子"，但是结果是前者亏损后者盈利。为什么只有那些不计得失，波澜不惊的人才获利多多？我们应该经常思考这个问题。

有的人股票知识和基本理论学得很好，跟别人聊天时张口就是一套一套的，可真正实战时战绩不佳。经验表明，炒股这行当，技术只是必要的参考，能否成功关键是一个人的良好心态。

在武打电影里面，很多一流高手都拥有这样或那样的绝技，可谓身手不凡。但人家每次遭遇强敌时，为确保最终击败对手，大都展现出胆大心细的特征。举一反三，在股市"战场"，没有人生来就是凶狠可怕的猎手，庄家也不例外。作为散户，必须紧跟时代步伐，学会适应各种环境变化，在残酷的实战中向庄家学习，练就一身过硬本领。唯有如此，才会根本改变过去那种完全靠碰运气的做法。

人们经常说，庄家心狠手辣，宰杀散户时是连皮带骨全数吞下。不过，如果你能变被动为主动，努力将自己锻造成技艺高超的人，加上缜密的心思、平和的心态、果断准确的操作，那么，不但离股市高手的距离越来越近，而且，你还能有效防止庄家斩尽杀绝的毒计和阴招。只有胆大心细，才能确保散户在股海中驶得万年船。

第四节　个人实战经历：
##　　　　精准攻击新赛股份

Section 4

众所周知，本轮全球性经济危机对A股市场造成的强大冲击，以2008年10月28日沪深大盘双双见底为标志。而在市场真正见底之时，由于投资者始终被熊市思维所束缚和困扰，市场交投清淡，敢于买股的人并不多。

由于此前我已经空仓观望了一段时间，并且感觉大盘基本跌到位，决定以少量仓位杀进场内，但是，到底选什么板块和个股比较好呢？这很是让人犯难。毕竟，经过一年的大幅下跌，人人都跌怕了。

我首先想到了那些防御性较强的板块、如高速公路、电

力、医药、黄金和农林板块。经过反复研究，最终选定了新
赛股份（600540）（见图10）作为目标个股。原因如下：

1.作为农业龙头，新赛股份盘子不算大，业绩比较稳定。

2.经查阅个股资料，发现2008年第三季度股东人数大幅
减少。表明有主力悄悄进场收集筹码。

3.9月17日，该股股价创出5.71点的新低后，随后连续3
天涨停。而在10月28日，大盘砸出历史新低时，该股并未跟
随，反而大涨5.6%，说明主力并未逃走。

4.2008年上半年，以北大荒（600598）、隆平高科
（000998）、冠农股份（600251）为代表的农林板块不跌反
涨，成为当年的强势板块，吸引了市场目光和大量资金关注。

不过，为了安全起见，我决定先以四成仓位进行试探性
吸纳，一旦后市趋稳，再择机加仓。

11月3日，新赛股份的KDJ指标在低位形成金叉，当日
股价也一直在5日均线上方运行，后市向上攻击态势明显。尾
盘，我以6.45元每股进入。

考虑到大盘是否真正见底尚难确定（因为所谓的顶和
底，只有等后面走出来才知道），为了尽可能地保证本金安
全，我将止损位设置在8%，一旦触及止损位，将坚决执行，
停损离场，等待下一次机会。

图10：新赛股份

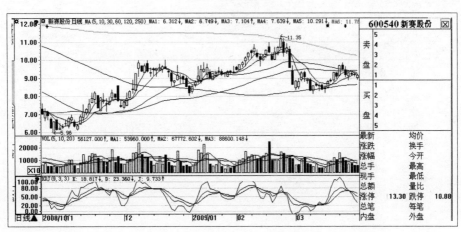

11月7日，该股股价一度随大盘低开，但午盘还是被拉高报收红盘。此后，跟随着大盘不断震荡回升，新赛股份的表现也比较稳健。直到2009年2月24日，面对上方年线的强大压力，股价无力冲高，我最终以10.5元每股成功卖出。至此，精准攻击新赛股份的战斗圆满结束，获利比率约62%左右。而同期上证指数（2008年11月3日至2009年2月24日）的涨幅仅为28%，两相比较，我的这一辉煌战绩很明显远远跑赢大盘。

本章简要总结：

在经典武侠片中，我们经常看到，绝顶高手要出击时，尽管他们拥有绝世武功，但依然时刻保持小心谨慎。而在激烈无比的股市博弈中，经过不断成长壮大起来的散户，当资金和技术实力都具备了，股市智慧也学到了，剩下唯一要做的，就是保持一颗永远平和的心态，将庄家的阴招和毒计一一化解，使自己处于相对安全的位置，并达到财富不断增值的终极目标。

第十一章

Chapter 11

—狗咬吕洞宾—

千万别对政策风险熟视无睹

第一节　政治学教授的悲惨炒股史

Section 1

　　2007年4月初，有位姓牛的教授，退休前在某大学教政治学，退休后闲着没事，就跟着邻居炒股。刚开始，一向胆小谨慎的他，投资股市的资金只有5万元。到5月底时，因为正好买到2只牛股，他的资金一下子增加到10万元。短短一个月，牛教授一个门外汉，竟然使得股市资金翻倍，这下可不得了了。只要牛教授一到营业部，一些老股民都围着他恭维道："这教授就是教授啊，就是比我们普通人聪明。你看我，炒股已经有7年了，一直没怎么赚钱呢！人家牛教授名字都取得好，牛啊！"并且，很多人都说要拜牛教授为师，请他传授点炒股绝技。

　　每次听到股友们的这些吹捧话，牛教授又恢复了当年站在三尺讲台上的信心，觉得很受用，心情特好。其实，这也难怪。谁又不喜欢听好听的话呢？眼看股市赚钱如此简单，牛教授把风险意识彻底抛到九霄云外，在8月底再次把留着养老的15万元投入股市。就这样，到10月初时，牛教授的账面上本金加利润最高曾达到46万元。

　　看着利润不断飙升，牛教授心理美滋滋的，他经常跟老伴说："照这个速度下去，说不定能达到100万呢！到时，我带你去欧洲旅游旅游，咱俩劳累一辈子，也该享受一下生活，看看这外面的花花世界了，哈哈！"

　　可老伴不放心，对他说："依我看，你还是见好就收，赶紧卖了吧。老这样疯涨，我总觉得不踏实。晚上也睡不安稳。"

　　牛教授一听这话，就不乐意了。"你懂什么？人家现在都叫我股神呢！再说了，我可是教授政治学的呢，我还不知道国家政策有变化吗？我比谁都敏感！你等着瞧好了！"

　　可好景不长。2007年10月13日，中国人民银行宣布从10月25日起，实施年内第八次加息。10月16日，处于极度亢奋状态的市场再度高开高走，当日，沪指盘中一举创出了中国股市开市以来的历史新高6124点。不过，谁也不会想到，正是这一天，一直高烧不退的A股市场最后还是低下了高昂的牛头，开始扭头向下。而且，这次往下调整，与以往大大不同。其每次反弹后的高点均比前面的要低。好像始终有一只无形之手在打压着股指一路向下。

而此时的"股神"牛教授，入市不过半年时间，在平安度过"5·30"管理层半夜鸡叫提高印花税之后，他"顽固地"认为大盘肯定会重新坚挺向上。不过，美国"次贷危机"从2006年春季开始逐步显现，到2007年8月时，已经席卷美国、欧盟和日本等世界主要金融市场。可以说，国际和国内大环境，都预示着一轮大调整即将到来。

可原来在大学教政治学的牛教授，被前期的暂时成功冲昏了头脑，此刻已经对管理层不断加息抑制市场疯狂的警示，以及国际时事的风云变幻失去了原本应有的敏感。眼看着很多股友在沪指5000点和4000点左右分批斩仓离场，牛教授就是守仓不动。他相信调整只是暂时的，市场肯定会涨上来，他还等着赚够一百万呢。可结果呢，股指如同扶不上墙的烂泥，一路跳水下挫。

2008年9月16日，当上证指数跌破2000点大关之后，牛教授再也无法忍受，挥泪割肉出局。事后，牛教授打开账户一看，把他吓了一大跳。不但曾经的26万利润全部吐出，早前投入的20万本金已经只剩12万左右。牛教授的悲惨炒股史，还真应了那句股谚："辛辛苦苦大半年，一夜回到解放前！"

如今，原来曾经视牛教授为"股神"的一些股友，每次见到牛教授，少不了跟他开玩笑："牛教授啊，要是你教的是证券投资专业就好了，说不定啊，我们也跟着你发大财了呢。"

牛教授闻听此言，心中像是打翻了五味瓶，心想："你们这些变色龙，态度转变也太快了。"但生气归生气，从云端摔落下来的他确实不知该如何去辩解。所以每次只得闷闷不乐地占据墙角的一个机位，沉默不语地抽着烟，心灰意冷地操作买卖，身边冷冷清清，自然也少了很多曾经的"崇拜者"。

第二节　为什么散户都喜欢听好消息
Section 2

　　散户都喜欢听好消息，这是人尽皆知的事情。在日常交易中，庄家正是利用散户的这一普遍弱点，经常故弄玄虚，设局下套，等着散户去钻。那么，到底是什么原因，导致散户喜欢听好消息呢？这个问题有无解决办法，如果有，又该怎么办？下面我们对此一一进行分析。

一　散户喜欢打探好消息的原因。

1. 信息闭塞，急于求成。

　　前面说过，信息闭塞是散户所面临的客观弱点之一。由于自身背景原因，一般散户获得信息的渠道较窄，时间也比较晚。比如，政府有什么与证券市场有关的重大消息（如加息或降息）或政策即将公布时，券商、基金等这类掌握着绝对信息优势的机构，通常会提前获知最新消息。

　　得到第一手消息之后，庄家通常会比散户更早下手，占据更为有利的位置展开行动。由于信息的严重不对称，当散户看到市场骤然之间风起云涌时，无奈之下显得更加焦急不安。而胸有成竹的庄家便抓住散户急于求成的心态，将广大中小投资者玩弄于股掌之中。有时，原本异常沉闷的大盘，突然来个旱地拔葱，几分钟之内股指急速飙升，就是超级主力利用内幕消息进行的精彩表演。

2. 信心不足，心理失衡。

　　很多时候，散户明明知道无法像庄家那样，很快拿到第一手资料。但是，由于对自己信心不足，又找不到很好的解决办法，如果不主动做点什么，总觉得自己很吃亏。为求得到心理平衡，经常到处打探所谓的内幕消息。或者对报刊、电视上的荐股信息、专家介绍盲目迷信。长此以往，只会把心情搞得七上八下，更坏更糟。

3. 疏于学习，毫无主见。

很多投资者喜欢听好消息，排斥坏消息，并非不知道这样做的危险性和后果。问题的关键在于，因为平常疏于学习，或者不愿意费心劳神，缺乏最基本的炒股常识和技巧，对市场上一些表面现象背后的东西，实在没法做到有效辨识。所以，一些毫无主见的散户，宁愿把宝全部押在所谓的"好消息"上，至于买进去后收益如何，只有老天知道。

二　如何解决散户的致命缺陷？

1. 积极关注国际国内时事，及时掌握最新资讯。

当今社会，已经是一个资讯高度发达的信息社会，而作为对经济、政治、军事、文化等各方面变化反应最为敏感的股市，其趋势演变跟很多或明或暗的消息密切相关。

随着我国证券市场不断发展，以及监管制度日趋完善和透明，作为新时代的投资人，肯定不能像过去一样，将盈利的希望放在到处打听"内幕消息"上。面对新形势和新变化，自然要换一种思维方式，积极主动出击，充分利用报道日趋迅速的财经电视节目、异常发达的互联网技术，尽可能地及时掌握国际最新的油价、美元和美股走势，以及国内重大时事，以便对自己的操作计划进行必要的调整和优化，以达到预期目标。

2. 逐步增加投资金额，不可盲目搬家入市。

我们知道，因为过去生活困难，为防不时之需，咱中国人都有储蓄"隔夜粮"的习惯。可随着股市的"造富神话"

不断被媒体渲染，国人将储蓄"搬家"入市的浪潮变得有些势不可当。

据相关统计数据显示，历史上几次储蓄"搬家"都成为推动股市创出新高的重要动力。近8年来，居民户存款减少的仅有10个月，分别出现在2000年、2001年和2007年。第一次储蓄"搬家"出现在2000年7月，大盘当月超越2000点；接着是2001年5月，大盘在2001年6月创出2245点的历史纪录。

2007年，一轮"疯牛"行情，也导致居民储蓄"搬家"的热情出现"井喷"，有6个月居民户存款出现负增长。变化最剧烈的10月，居民户存款减少逾5000亿元。随后，股市在10月16日创出历史最高点6124.04点。

2009年7月，居民户存款再现负增长。8月，居民户存款负增长额进一步增加至800亿元。

人们不禁要问：居民存款到底从银行流向何处？有人认为，在消费仍然疲软的情况下，A股市场无疑是居民户存款的一个主要去处。而根据人民银行上海总部发布的一份报告称，新股发行使上海市储蓄存款加速分流。8月，在中资金融机构同业存款中，证券公司存放客户保证金存款增加309.2亿元。

此前，有人认为储蓄"搬家"进股市缺乏确凿证据，而如今这一判断其实已经得到相关数据的证实。而且，据我预估，未来储蓄"搬家"的势头肯定还将持续。因为，在当前宏观经济走势处在企稳回升的关键时期，央行一时不会贸然加息。再加上投资股市始终是赚快钱的一种有效途径，炒股对储蓄资金的吸引力只会得到不断增强。

不过，针对目前很多散户动不动就将全家储蓄一下子投进股市的冒险做法，我觉得有必要专门提醒一下：股市有风险，投资须谨慎，不仅仅是一句口号。第一，它要求你不可以盲目搬家入市；第二，即便投资股市，也最好是逐步增加投资金额，满仓操作要不得！

3. 不断提升实战水平，增强自我信心。

散户之所以喜欢听好话和好消息，而很少去分辨其真与假，主要原因自然是信心不够，水平有限。生怕不跟着所谓的专家和大师买股，将失去大赚特赚的良机。

相信有经验的股民都知道，很多专家荐股，一般会选择近期涨势如虹的股。一旦你跟着买入之后出现下跌，他会说是正常回调，叫你耐心等待。如果继续下跌，他会立即转移注意力，把他几个月前推荐的，最近才涨的股拿出来说事，以显示他当初的眼光多么独到。而如果你刚买入后碰巧赶上上涨，专家自然会借机大吹大擂一番。可实际上，除非这些荐股专家是庄家故意安排的"黑嘴"，否则，他根本不可能知道庄家的操作计划。

散户要彻底摆脱这种被动挨打的局面，并无任何捷径，唯有通过刻苦学习，不断提升实战水平，增强自己的信心。

第三节　政策风险警示可为你及时止损

Section 3

因为起步晚，发展时间不长，中国股市不可避免地受管理层政策影响较大。尽管很多人在市场不断上涨时不希望政府调控股市，以免影响自己的收益，但在市场出现大幅下跌时，又急迫地希望监管层尽量多出台利好政策拉抬股市，为自己解套。这其实充分反映了股民一个较为矛盾的心态："政策市"并没什么不好，关键是要对自己有利。

既然谈到"政策市"，与之相对，就一定有"市场市"，下面我们就来了解一下相关概念和二者之间的区别。

一　什么是政策市？

目前，"政策市"一词已逐渐被广大投资者所熟知。意指一国股票指数的涨跌受国家相关政策影响和制约巨大。需要明确的是，任何股票市场，国家都会根据市场情况制定一定游戏规则，参与其中的投资者，无论身份和资金大小，均须严格遵守相关规则。从制定游戏规则的意义上说，其实，世界上任何股市都有"政策市"的影子。只不过，新兴市场国家利用政策临时干预市场的次数，要比成熟市场相对多一些。

二　什么是市场市？

所谓"市场市"，　就是指政府在制定完相关游戏规则之后，主要担当监管者和服务者角色。在日常交易时，政府专门监管股市的违法违规行为，但对股市指数的高低，政府不应该管，市场自有运行规律，不必要过多干预。换句话说，无论股市是暴涨还是暴跌，都是自身规律在起作用，政府不应直接对股市施加影响。这一特征，在欧美发达国家表现相对明显。

不过，需要特别指出的是，本轮最早爆发于美国，后席卷全球的世界性金融危机，同样也暴露出所谓"市场市"放任自流的制度性监管缺陷，而随着后面美联储连续出手救市，人们对"市场市"的疑虑开始普遍增加。并且，"市场市"和"政策市"到底哪一种更适合新时代背景的经济发展，学术界和投资界也展开了持续不断的激烈争论。

通过以上比较，我们可以看出：无论政策市还是市场市，没有绝对好坏之分。它们只是不同国家的市场处于不同阶段时，政府根据自身国情所实施的监管方式不同的选择。

三　读懂政策背后的含义有什么好处？

有人说："炒股可以没技术，但一定要读懂政策。"虽然说此话有失偏颇，但也道出了读懂政策的重要性。

客观来说，在A股市场短期内难以走出"政策市"的新兴加转轨时期，无论是机构投资者，还是中小投资者，能透彻地理解国家政策，以及读懂政策背后的含义，可以说是克敌制胜的杀手锏。

很多散户朋友喜欢一天到晚到处托人打听利好消息，天天看财经报纸的黑马广告，以及电视上的专家股评，却对新闻联播和中央电视台财经频道的一些重大新闻不予理会，长此以往，散户亏损连连也就不奇怪了。

而在历史上，很多具有独到眼光的人依靠研究国家政策的变动，最终取得惊人成就的案例举不胜举！例如，1985年10月23日，邓小平在会见美国时代公司组织的美国高级企业家代表团时说："一部分地区、一部分人可以先富起来，带动和帮助其他地区、其他的人，逐步达到共同富裕。"此言一出，一些对政策异常敏感的人，纷纷砸破铁饭碗，辞职下海。日后，正是当初这批眼光独到，率先一步行动的人，迅速崛起成为家财万贯的大富翁。

同样，新中国的证券市场也是伴随着改革开放而逐步发展壮大的，在短短十几年中走过西方上百年的历程，其基本路径是"先发展后规范，在规范中发展"。作为经济改革的重要内容，证券市场在怀疑、排斥中开始了艰难的起步，经过一步步的尝试、探索，迎来了今天的发展壮大。

1992年5月21日，取消涨跌停政策出台，当日沪市以617点开盘，以1266点收盘，使流通市值翻了一番；1992年11月25日，中国证监会成立，四大救市政策出台，指数从386点冲高至1558点；1994年7月29日，三大救市政策出台，指数从325点升至962点；随后，从1996年5月1日第一次降息到1999年6月10日第七次降息，每降一次息，股指就上一个台阶，政策的推动力势不可当；2001年2月19日，B股对内开放政策出台，一夜诞生无数亿万富豪，一举改写内地富豪排行榜。所有这些股票市场的巨大变化，可以说都跟管理层的政策变动密切相关。

实际上，在中国证券市场的历史进程中，有很多重大政策可圈可点。尤其是2004年1月31日公布的国务院《关于推进资本市场改革开放和稳定发展的若干意见》（简称"国九条"），是我国资本市场发展史上的又一个里程碑，为中国资本市场全面推进制度创新提供了指南。从此以后，中国资本市场迎来了新一轮改革高潮。2005年开启的股权分置改革以及中小板市场的创立标志着证券市场改革、创新打响了攻坚战。其后，在股票发行、公司监管、市场监管等方面进行了全方位的规范化工作，为证券市场的健康发展奠定了良好的基础。可以说，2006年开始的大牛市对此给予了充分反映。

有人可能要问了："政策对股市确实作用重大。那么，读懂政策能给我们带来什么好处呢？"其实，要说对投资者的好处，实在太多了，简直不胜枚举！

比如：一些券商、基金或私募，会利用自己的政策研究部门，通过各种渠道和公关小组，随时捕捉国家政策变化的蛛丝马迹，或通过对宏观经济的分析，或密切跟踪决策者的一言一行，然后根据自己掌握的最新信息，在资本市场的博弈中快人一步下手，等对手反应过来紧急入场时，他们已经赚得盆满钵满，唱着胜利的歌谣凯旋而归。

对于散户来说，由于不具备像大机构那样的政策研究能力，加上信息来源渠道有限，所以，很难做到提前获知政策信息。但是，本身处于劣势，你就更不能坐以待毙。

说得直接一点。当市场处于极度疯狂或极度恐慌状态时，你必须多个心眼，对中央有关部门领导的谈话和出台的文件，进行认真分析研判。不要像前面所说的牛教授一样，身为政治学教授，却对管理层的政策风险警示熟视无睹，最后落得先赢后亏的悲惨结局。

此外，我特别提醒一下：大多数散户最不喜欢别人在市场暴涨、自己赚钱时提示风险，仿佛人家说几句看空的话，就是故意断他财路似的。但今后再次面对这种情况时，你得记住了，有人愿意客观地向他提示风险，你该感谢人家才对。千万别"狗咬吕洞宾，不识好人心"。因为，一旦理解了政策风险警示的背后含义，可为你及时止损赢得更多时间。

第四节　个人实战经历：
##　　　　　及时止损香江控股

Section 4

2007年，A股市场持续高烧不退。为抑制市场疯狂炒作的风险，管理层可谓是苦口婆心，办法想尽，不断提示政策风险。但老百姓就像是疯了一样，依然我行我素，源源不断地将银行储蓄转移到股市，仿佛股市到处是黄金，弯腰即可随便捡拾。

由于央行多次大幅上调存款准备金率未能抑制住楼市和股市的狂热。在当年的中央经济工作会议刚刚结束不久，针对房地产的调控措施持续出台。2007年12月11日，中国人民银行、中国银行业监督管理委员会联合发文，出台了《关于加强商业性房地产信贷管理的补充通知》（简称《补充通知》），管理层坚决从紧的政策意图显露无遗。在《补充通知》中，明确了对第二套房或多套房的认定标准，其严格程度要远高于以前的各种调控手段。

与此同时，在银行监管系统的内部会议上，监管层多次向商业银行发出房地产贷款快速增长，潜在风险不断放大的警示，认为资产价格的快速膨胀增加了我国金融体系的系统性风险，也为银行信贷风险管理带来了严峻的挑战。而为了保证《补充通知》的贯彻执行，银监会副主席蒋定之在专题会议上提出，各银行业金融机构要以法人为单位制定商业性房地产信贷管理的实施细则。

很明显，此次央行重拳出击，强力收紧房贷，其政策对于同样持续发烧的楼市打击应该不会太小。更令投资者紧张的是，当时，房地产业龙头老大万科公司的董事会主席王石在北京的一个新闻发布会上表示："我承认楼市拐点确实已经出现了。"理想一点看，在经历了多年的坚挺上扬后，地产行业的景气度可能将逐渐趋冷，房价的理性回归或将到来。

根据多年来跟踪国家方针政策的经验，我从管理层出台的系列政策的力度基本可以判定：央行的果断出手，龙头老大万科的配合发声，在二级市场，房地产板块必将遭到机构资金的无情抛售。要想尽早回避风险，投资者最明智的办法就是立即抛出地产股。

果然，在针对地产行业的利空政策出来后，从12月12日开始，地产股连续大跌。而不幸的是，12月7日，我刚刚以每股29.7元的价格杀进香江控股（600162）（见图11），真是计划没有变化快。刚一进场，正好碰上央行和银监会联合发布的《补充通知》，不得不承认，我已经被套了。

12月13日，看着这地产板块四大金刚万科A（000002）、保利地产（600048）、招商地产（000024）、金地集团（600383）全线下跌，回天无力，为防止后续亏损继续扩大，我果断以26.4元止损出局。

虽然此次出击最终以失败告终，但由于我立即在第一时

图11：香江控股

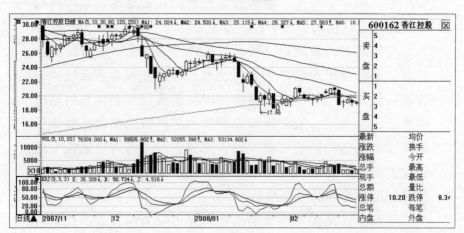

间对国家重大政策进行解读，并快速做出反应，为自己赢得了止损时间。完全可以算得上是一次在熊市初期取得的重大胜利，其非凡意义甚至比在牛市中赚钱更大！

本章简要总结：

平时，有人总喜欢抱怨说中国股市是"政策市"，受政府影响过大。而在一场全球性经济危机过后，欧美发达国家自诩了不起的"市场市"并未显示出应有的优越性，相反，表现极为差劲。其实，对广大股民而言，"政策市"没有什么不好，如果能及时读懂政策背后的奥妙，那么，胜利将属于你；倘若对政策警示置若罔闻，那么厄运就将主动找上门来。

第十二章

Chapter 12

—敬礼猪坚强—

坚韧不拔才能笑到最后

第一节　猪坚强何以闻名于世

Section　1

　　2008年5月12日14时28分，成都彭州市龙门山镇团山村村民万兴明家的大肥猪，和天下所有平凡的猪一样，正在安逸地睡着大觉。这时，一阵剧烈地晃动袭来，这头大肥猪还未明白是怎么回事，接着就被埋在一片黑暗当中。直到36天之后的6月17日，当它被成都军区空军某飞行学院战士刨出来时，此前膘肥体重的身形竟然瘦得像只羊。不过，脚都跛了的它却依然坚强地活着。得知这一生命奇迹后，社会各界反应热烈，大家纷纷呼吁，不要把这头坚强的猪变成人们餐桌上的美味。

　　毫无疑问，这是一头有资格进入吉尼斯世界纪录的猪，地震发生后，它在废墟下被埋了36天，要忍受没东西吃没水喝的饥渴感，还要忍受没有泥塘打滚、没有动物与之交流的寂寞感，它在如此困难的环境中，坚持让自己的生命延长再延长。震前，它因为"从不挑食"，能吃能睡，重量已达300斤，但被救出来后，这位"猪界胖子"在废墟中"速效瘦身"为100多斤，它对生命的渴望完成了一场人类难以想象的"自我超越"，它的"求生意志"那么坚强，所以肯消耗200斤体重来延续生命。

　　凡是自然界的生命，大抵都有求生本能，即使被人类认为是"憨兮兮"的大肥猪，它照样有对生的渴望，只要自己还没进屠宰场，它就会开开心心地"吃多多，长胖胖"，生活得很潇洒，既不为身材忧虑，又不为明天发愁。可以说，这种好心态让猪同志变成了一位"心宽体胖"的超级胖子，它无怨无尤，默默忍受着肥胖为它带来的"心慌气喘"等副作用，也享受着美食给予它的奇妙感受。

　　可以说，地震之前，猪同志一直是幸福的，它很单纯地吃着睡着，甚至没有考虑过如果自己胖到一定程度，是不是就该成为人们的盘中餐。可恶的地震摧毁了猪同志的小窝，猪圈垮塌，阁楼的木板砸下来，但好隔在离地半米高的地方，猪圈被没有倒的砖墙支撑着。身高一米的猪，只好"屈就"在半米空间，它趴在地上，吃不到槽里的食，好在阁楼上的木炭撒落一地，猪同志饿得头晕眼花的情况下，干脆当起"黑嘴"来，拼命吃木炭果腹。虽然吃木炭没有营养，但到底哄了肚子，减轻它的饥饿感。在漫长的等待中，它一方面"哄骗"自己的肚子，"已经进食了"；一边又飞快地消耗脂肪，分解自身的能量来维持性命。猪同志在这样恶劣的环境下，依然保持了一贯的"平和心态"，并且积极进取，开动脑筋想办法来哄自己"一定能够活下去"，这种旺盛的求生本能，难道不值得我们学习吗？

废墟下存活了36天的猪，其命运引起了社会上广大市民的关注。

成都有好心的市民打电话，请记者转达猪老板："不要把这头猪杀了，即便几个月后它又变成大肥猪了，也不要杀了过年。那位好心市民还很热情地表达，"如果主人想宰了它吃，我宁愿找些好心的朋友，凑钱买了养着。"

这只伟大的猪，其英雄事迹很快传遍大江南北；很多网友为这头坚强的猪而感动，呼吁留住它的性命。福建的网友呼吁："刀下留猪，因为它创造了奇迹。"辽宁的网友说："坚强的猪，希望主人不要把它变成人们餐桌上的香肠。让它一直活下去吧，它渴望生存啊。"广州的网友说："这样坚强富有生命力的猪，让它自然终老吧。"昆明的网友表示："别杀它吧，如有需要，我出钱认养它。"陕西的网友说："猪界的英雄！这头猪应该留着，好好养起来，捐给地震博物馆或动物园，让大家瞻仰一下生命的奇迹。这头猪太可爱了，好想看看它和它留影。"

建川博物馆馆长樊建川知道情况后，用3008元将它买了下来，并给他取了小名"36娃儿"，大名"猪坚强"，从此人们都知道它叫"猪坚强"。樊建川打算将它一直养到自然死亡。为了照顾好这位大"明星",博物馆可是下足了功夫,不但每月花600元专门请了一位猪倌,从猪舍清理到保健按摩,"猪坚强"享受到了星级酒店的服务。而且,它的饲料也跟普通猪饲料有所不同。普通猪饲料是为了增肥的,猪坚强的饲料则是为了确保营养和它身体能量。"而且,怕它孤单寂寞,还会让猪和羊陪伴它,直到终老。

随着"猪坚强"的"英勇事迹"不断见诸媒体,"猪坚强"一夜之间成为曝光率奇高的"明星"。为了彰显"猪坚强"的勇敢,更是有热心网友特地创作了网络歌曲《猪坚强》。

当然了,众多网友和市民最为关心的,自然是"猪坚强"为何能在废墟下存活36天?当地一位名叫潘邦贵的兽医,在为这头猪体检之后大感惊讶,他说:"真不敢相信,因为不管猪有多肥,不吃不喝5天以上,就会有生命危险。"经过认真分析,潘邦贵认为"猪坚强"之所以能存活下来,是多方面因素综合作用的结果。

不过,在我看来,在这些原因当中,最为关键的有两点:首先,地震发生后,阁楼上堆放的木炭撒落一地。这头猪在饥饿时吃了不少木炭。木炭无毒,没什么营养,但是可以充饥。在没有任何东西可吃的情况下,吃木炭减轻了它的饥饿感,让它不至于被活活饿死。其次,这头猪地震前后体重相差约100公斤,瘦身竟达三分之二。这充分说明猪在潜意识里不想死,猪也有对生的渴望,或许正是这种渴望,让它完成了一次难以想象的自我超越。

为了抚慰中国人在"5·12"汶川大地震中遭遇的心灵创伤,我和众多网友一样,一直为"猪坚强"在艰难困苦中所展现出来的那种坚韧不拔的精神而感动不已。我原本以为,随着时间流逝,"猪坚强"的故事将就此打住。可让人意想不到的是,2008年7月6日,在无锡举办的中国房地产高峰论坛上，很多业界大腕纷纷表示，面对复杂多变的国际国内经济环境，中国的地产商要多学习"猪坚强"，以求得更多生存发展空间。

一头极其平凡的猪，要是放在平时，几乎没人关心其生与死。但是，因为突然遭遇一场特大地震并安然存活下来，最终引起社会各界的普遍性赞赏，客观而言，有其偶然性和必然性。偶然性主要是指千年难遇的地震。必然性则是指人无论身处何种险境，都要坚定信念，勇敢地活下去，唯有这样，国家才会不断发展，民族才会持续进步，个人才会茁壮成长！

第二节　散户向猪坚强学什么

Section 2

"猪坚强"事件出现之后，全国各行各业纷纷掀起了向"猪坚强"学习的热潮。其中，有人认为房地产商应该学会像猪那样与人为善，不侵害别人的利益，同时向猪学习承受，学习任劳任怨，更应该向猪学习顺势而为。那么，作为股民，尤其是广大散户，又该向"猪坚强"学习什么呢？

一　学会在困境中降低欲望。

此话怎讲？很简单，当今社会，国际环境风云变幻，谁也不知道下一秒钟会发生什么？2008年9月15日，华尔街巨无霸之一雷曼兄弟宣告破产。以这一重大事件为标志，最先爆发于美国的次贷危机，迅速对全球金融业造成严重冲击，继而引发全球性的信贷紧缩，从而加速了实体经济的衰退。新兴市场经济体的金融机构虽然受本轮全球金融危机冲击的直接影响有限，但由于它们经济增长的引擎主要依赖对发达国家的出口，因此发达国家出现的需求快速萎缩已经对新兴市场经济体增长产生巨大的负面影响。

对"金砖四国"之首的中国而言，从2008年第三季度开始出现了经济增长迅速下滑的迹象。面对这场罕见的世界性经济危机，中央政府审时度势，迅速调整宏观经济政策，国务院大手笔出台扩大内需十项措施，确定了4万亿元投资计划，以拉动内需防止经济过度下滑。在全球经济处于衰退的大背景下，中国政府的果断出手，赢得了世界各国一片赞扬，让广大股民感受到了异样的温暖。

受国家出台4万亿救市计划刺激，A股市场从2008年10月底开始，一举止跌转涨，并转身向上展开猛烈攻击。正是得益于管理层的高瞻远瞩，沪深股指的涨幅在2009年上半年一度大幅领先全球资本市场。

而在这次席卷全球的次贷浪潮中，即使那些精明的股市投资者（包括巴菲特），也可以说是鲜有幸免于难的。说到底只是亏损比例有多大的问题。不过，如果散户不幸在危机之前重仓买入的话，那么，唯一的自救办法，就是向"猪坚强"学习如何在困境中降低欲望。平日，这头猪能够长得那么肉肥膘厚，说明主人喂给它的食物相当不错。可在地震发生的危急时刻，人人自危的当口，"猪坚强"只求保命。

其实，散户又为何不能在大环境不好，股指进入下跌、反弹，再下跌的熊市周期中，降低牛市时的盈利预期呢？要知道，少一点欲望，先寻机减仓，保存有生力量，为后面的超级大反弹提前做好准备，比什么都重要！

二　学会在困境中磨炼意志。

大家知道，在艰难困苦中，由于处于孤立无援、身心疲惫的地步，作为感情动物和群居动物，人最容易感到悲观绝望，心情低落，情绪极不稳定，最后被自己打败。而看似笨拙的"猪坚强"却能在狭小黑暗的空间里，坚持36天而不放弃对生命的希望，委实让人感到难以想象。

反观我们很多散户，此前信心满满，觉得赚钱很是容易，可一旦买入股票后，恰巧碰到大环境变坏，或者出现重大政策利空，又或者遭遇庄家刻意打压，往往坚持不了几天即承认失败，纷纷选择割肉离场，就是不愿在曙光来临之前变得更为坚强和更有韧劲一些。等到市场转好，或庄家开始发力拉升时，再去后悔说什么也晚了。所以，学会在顺境中保持一份难得的清醒，学会在困境中磨炼坚强意志，"胜不骄，败不馁"对散户来说显得至关重要。那首脍炙人口的《真心英雄》不是唱了吗？"不经历风雨，怎么见彩虹？没有人能随随便便成功！"

三 学会在困境中坚持希望。

什么是希望？按照最基本的解释，希望就是心中最真切的幻想。

对于被压在石头和木板下的"猪坚强"来说，或许它根本不懂希望的含义是什么，但在无边的黑暗中，面对即将死去时，它肯定想过能快一点脱离困境，见到光明，重新过上自由自在的生活。

我们假设，如果要问一个因防卫过当而锒铛入狱的母亲，是靠什么度过最艰难的日子的。她可能会说，是靠希望！希望与儿女见面，希望与家人团聚，帮助能最终走向新生。

既然在病痛中，希望能带给我们力量；在挫折中，希望促使我们再振雄风；那么，当散户朋友面对这次百年一遇的全球性经济危机时，我们要靠什么度过最为痛苦的低潮期？还是希望！这种最为平常却有力的希望，来源于中国30年改革开放所积累的经验教训，奠定的坚实基础，所以，我们有充分理由相信，国家将带领老百姓重新走上康庄大道。

而事实也证明，如果我们能从"猪坚强"学到坚持希望，那么今天，很多人或许已经从2008年的大幅下跌中解套不少。因为，2008年底，国务院果断出台的4万亿投资机会，不但促使我国实体经济见底回升，更是催生了股票市场2009年的一轮小牛市！

四　学会在困境中灵活多变。

　　众所周知，无论是成熟发达的市场，还是发展起步较晚的股市，大盘涨多了，就会跌下去；大盘跌多了，后面也会涨上来，这一基本规律至今从未改变。也就是说，身处股海，任何人都不可能天天碰到大牛市，也不会一辈子在熊市中打滚。所以有人说，在牛市赚钱不稀奇，但熊市不亏钱，才算是厉害！

　　试想一下，一头智商不高，思维简单的猪可以在特殊环境中靠吃木炭、喝雨水延长生命，为争取外部救援赢得宝贵的时间。那我们散户，一旦遇到大势不好时，是不是也可以从"猪坚强"那里学到灵活多变呢？换句话说，当你确定行情已经转势，此刻顺势而为，趁早减仓，甚至空仓等待，别说赚多赚少，最起码可以为你减少一点损失。为新一轮牛市行情的到来保住一定资金实力。

第三节　散户斗庄必须有耐心

Section 3

　　股市血战那么多年，很多人都感到奇怪，为什么庄家能每战必胜，而散户却刚好相反，是屡战屡败，天天追涨杀跌，时时割肉再战，到了最后，无不以哀叹连连，巨额亏损离开股海。

　　针对这种普遍现象，有人就问了："除了技术和资金等存在差距，散户到底跟庄家还差什么？"这个问题是个好问题，前面几章我们分别讲了很多关于技巧方面的现象和解决办法，现在我为各位重点讲解一下散户斗庄必须具有的股市耐心。

一 什么是股市耐心？

耐心主要是指一个人在不急躁、不厌烦、不抱怨的情绪中，坚持完成一件十分繁琐无聊的事。顾名思义，所谓股市耐心，就是指投资者进入股市后，面对大盘和个股的波动起伏甚至短时间下跌，能做到心静如水，不慌张、不惊恐。

许三多有句名言是"不抛弃不放弃"，而用在股市上，如果散户真的想要获胜，就得养成"不急躁不冒进不厌倦"的本领。

二 股市耐心有什么作用？

1. 可以帮助散户认清股市的本质。

关于股市的本质问题，争论由来已久。有的人认为，它能为国家和上市公司创造财富。而有的人认为股市本身并不能创造财富。不过，在我看来，股市的本质其实是利益或资源的再分配，其利益或资源的流向是从弱势群体向强势群体转移。

通常，为了获得经济利益，强势群体（庄家或主力）会利用一切手段进行恐吓和利诱，以达到骗取弱势群体（中小散户）手中的低价筹码和派发高价筹码的目的。因此，我们说，如果你是新股民，刚进股市亏损点钱很正常。但是，经过一年半载，或者三五年，还像新手那样杀出杀进，经常亏损不断，就是你自己的问题了。道理很简单，如果是老手，一定懂得适时休息，保持耐心，并愿意花点时间去认清股市的本质。

2. 可以帮助散户看清自己的长处和短处。

人们常说，了解别人容易，但看清自己最难。此话一点不假。原因就在于，从心理学上看，每个人在潜意识里都喜欢别人赞美自己，却反感别人批评自己。在股市也一样，比如2007年的那场疯狂大牛市，造就了很多"草根股神"，即使连K线都看不懂的大妈，因无意之间骑上一匹超级大黑马，也经常被身边的邻居视为股市"英雄"。可结果呢，2008年大熊市，那些"假股神"纷纷被打回原形。所以说，到底是真高手，还是假把式，是必须由市场来检验，而不是靠别人口头封赏的。而这种检验，需要的就是耐心。通过几年，甚至更长时间的股海沉浮，经历过市场洗礼的散户才能客观地看清自己的长处和短处。

3. 可以帮助散户破除不切实际的幻想。

此话怎讲？就像前面所说的，作为散户，你明明只有50万本金，却老想着在短期之内炒到1000万，这可能吗？答案自然是否定的。如果你多一点点耐心，去了解一下银行存款利息，或者做企业的年平均盈利，你就会发现，在股市年盈利比率30%左右，已经是相当不错了，而且大势不能太差，否则，盈利预期还要稍稍降低一点。也就是说，练就了股海耐心之后，有利于散户朋友破除不切实际的幻想，回归理性投资的正常轨道。

4. 可以帮助散户获得丰厚回报。

坦白地说，有的散户很勤奋，每天4个小时交易时间，几乎没见到他休息过，手里资金不大，却时时刻刻都在调仓换股，账户里拥有七八只股票是常有的事。可是，这种情况就一定赚钱吗？当然不是！

股市中，最繁忙、最辛苦的是散户，最爱骂娘、最容易亏钱的也是散户。原因何在？关键在于散户大多不懂得培养耐心，更不懂得修生养性，以逸待劳，伺机出击的道理。

但是，如果换个角度来看，情况可能完全相反。比如，当大势不好，跌势形成时，你果断及时离场，耐心空仓休养生息。而当庄家砸盘打压，露出马脚时，你可以不予理会。当庄家吸筹完毕，蓄势拉升时，此刻你就像蚂蟥一样，悄悄进场。待股价大幅拉升之后，庄家有出货嫌疑时，你再悄悄卖股离场，等待下一个果断出击的机会。对比一下，这种通过耐心等待而猎获的战果，是不是要比天天忙碌要丰厚得多呢？

第四节　个人实战经历：
　　　　耐心制胜广州冷机

Section 4

在我的炒股生涯中，参与交易广州冷机可以说是一个相当磨人的痛苦经历。因为3个多月的持股过程，白白占用时间成本不说，盈利比率也比大盘低得多。这对于习惯短线操作的我来说，简直是一种心理折磨。不过，在这场与狡猾庄家对决耐心的斗争中，我还是取得了不小的胜绩，估计庄家也意料不到。

精彩故事还得从头说起。沪深大盘自从2008年10月见底后，市场展开一波强力上涨。但是，当年12月下旬和2009年2月下旬，大盘出现两次幅度较大的回调。这一情况，不免引发了当时投资者的种种担忧，生怕好不容易好转一点的股市再度掉头向下。不过，幸运的是，经过必要的技术整理之后，A股市场的反弹力度开始加速。

而我一直跟踪关注的目标股广州冷机（000893）（见图12），也跟随大盘强劲反弹，其表现还算不错。但由于当时账户内的资金被其他股票占用，我只能看着它一路攀升，却束手无策。

但入场机会终于来了。2009年4月8日，沪深大盘双双大跌。但广州冷机却表现出极强的抗跌性，竟然逆势高开高走，按照经验，庄家如果实力不济，一般不敢如此招人耳目。虽然该股MACD指标方向向下，但KDJ指标已经形成低位金叉，短线买入信号已经发出。当日午后一开盘，股价立即出现一波拉升，眼看庄家迫不及待地展示实力，我立即以19.4元每股的价格追进。

此后很长一段时间，两市大盘数度回落，但始终是有惊无险地保持继续上攻态势，直到8月4日创下2009年的阶段性高点后，股指才出现快速下滑。但让人倍感奇怪的是，就在大盘发烧之际，广州冷机却毫不理会，独自进入横盘状态。而且，这一横就是两个多月。

在此期间，我感到非常憋屈，几次都想换股走人。我也在琢磨：这庄家到底要干什么？难道你就不想趁着大盘向好，赶紧拉高出货吗？可后面一想不对，估计庄家故意死死压着不涨，主要是为了和持有该股的各种对手拼耐心！谁要是憋不住了，提前下车，那正好合庄家的意。既然你想玩阴招，那我就偏不让你得逞。下定主意之后，我强忍着心里委屈，坚持持股不动。

6月25日，一直潜伏在广州冷机之中的庄家终于耐不住了。当天，两市大盘冲高回落，收出十字线。但广州冷机却真实上演了一场低开高走的好戏，全天竟然暴涨7.81%，其表现可谓是气势如虹。很明显，这一根拔地而起的放量长阳，基本预示着主力预谋已久的主升浪即将扑面而来。

果然，随后的一个月，该股一路狂涨。7月24日，股价

图12：广州冷机

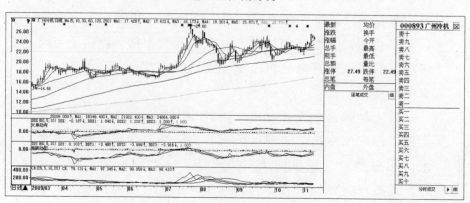

在创出27.6元的阶段新高后，开始震荡回落。午后开盘，我迅速以26.8元每股的价格成功抛售。一场痛苦至极，却又精彩纷呈的心理攻防大战，总算以己方胜利凯旋归来落幕。

本章简要总结：

　　一场震惊世界的特大地震，让"猪坚强"名声大振。对于经常搏杀股市的散户而言，务必要从"猪坚强"无比悲壮的故事中，学会降低欲望、磨炼意志、坚持希望、灵活多变，并在斗庄过程中保持足够耐心。唯有如此，你才能从藉藉无名的新手，真正成长为"猎庄"高手，获得股市应有的丰厚回报。

—练就过硬投资本领，分享经济发展成果—

长久以来，我心中一直有个愿望。就是希望对中国悠久的历史文化进行深度挖掘，并将之与成立仅十多年的中国股市这一新生事物进行有机融合，做一个大胆尝试，让越来越多的股民朋友通过我的创新努力，早日摆脱"只赚指数不赚钱"的怪圈，尽可能地分享到国家经济飞速发展所带来的丰硕成果。

终于，在经过无数个日夜笔耕之后，这一愿望得以顺利实现了，我感到特别高兴。本书在写作过程中，曾经数度进展缓慢，甚至有中途流产的危险。因为源远流长的中国古典文化，与在现代市场经济条件下产生的股市可谓风马牛不相及，要想将两者自然地融合在一起，难度可谓不小。不过，在经过反复地思考整理之后，我还是把庄家与散户两大天然对立的群体，在相互博弈时所表明出的各种招式和战法，用十二生肖这种中国老百姓耳熟能详的东西巧妙地进行了一番梳理、融合和升华，这一创造性写作思路，无疑将使得广大读者在阅读本书时，不会像过去阅读类似的股票技术书籍那样觉得枯燥无味。取而代之的，是无比的轻松和惬意。

在本书中，我不止一次提醒大家，股海如战场，庄家和散户的力量对比确实悬殊，但彼此的角色定位是相对的，其力量的转换也是动态变化着的。不过，作为处于弱势地位的散户，要最终实现远大目标，向更高层次迈进，必须牢牢记住：成功自古无捷径，唯有勤奋加努力！也就是说，来到股市，人人都想盈利和成功，但取得最终胜利的基本前提，是必须要在实战中懂得总结经验教训和不断学习进步，更清楚地了解对手，更客观地认识自我，并形成一套适合自己的炒股技法，而不能仅仅靠虚无的幻想去构筑梦想大厦。

在写作过程中，我得到很多专家、前辈、同仁的大力支持。特别是万卷出版社的张道军先生，对本书的章节设计、写作思路提出了很多宝贵的建议。同时，我的夫人也对本书出版做出建设性贡献。在此，我一并致以最诚挚的谢意。此外，在资料收集中，我参阅了一些同类优秀著作，也向这些作者表示最衷心的感谢。

由于本人才疏学浅，时间仓促，书中错误和疏忽之处在所难免。我殷切期盼各位前辈及读者朋友不吝斧正，以便再版时做进一步改进和修正。

如果本书在如火如荼的股海战场中，能为广大散户提供一点有益的启示，帮助大家发现更多战机，从股市收获更多财富，我将倍感欣慰！

现将作者联系方式公布如下，欢迎读者们随时交流。

电邮：yaomaodun@163.com

QQ：847131539

个人财经博客：http://blog.cnfol.com/guhaishentu

"引领时代"金融投资系列书目

书 名	原书名	作 者	译 者	定价
世界交易经典译丛				
我如何以交易为生	How I Trade for a Living	〔美〕加里·史密斯	张 轶	42.00元
华尔街40年投机和冒险	Wall Street Ventures & Adventures Through Forty Years	〔美〕理查德·D.威科夫	蒋少华、代玉簪	39.00元
非赌博式交易	Trading Without Gambling	〔美〕马塞尔·林克	沈阳格微翻译服务中心	45.00元
一个交易者的资金管理系统	A Trader's Money Management System	〔美〕班尼特·A.麦克道尔	张 轶	36.00元
非波纳奇交易	Fibonacci Trading	〔美〕卡罗琳·伯罗登	沈阳格微翻译服务中心	42.00元
顶级交易的三大技巧	The Three Skills of Top Trading	〔美〕汉克·普鲁登	张 轶	42.00元
以趋势交易为生	Trend Trading for a Living	〔美〕托马斯·K.卡尔	张 轶	38.00元
超越技术分析	Beyond Technical Analysis	〔美〕图莎尔·钱德	罗光海	55.00元
商品期货市场的交易时机	Timing Techniques for Commodity Futures Markets	〔美〕科林·亚历山大	郭洪钧、关慧——海通期货研究所	42.00元
技术分析解密	Technical Analysis Demystified	〔美〕康斯坦丝·布朗	沈阳格微翻译服务中心	38.00元
日内交易策略	Day Trading Grain Futures	〔英、新、澳〕戴维·班尼特	张意忠	33.00元
马伯金融市场操作艺术	Marber on Markets	〔英〕布莱恩·马伯	吴 楠	52.00元
交易风险管理	Trading Risk	〔美〕肯尼思·L.格兰特	蒋少华、代玉簪	45.00元
非同寻常的大众幻想与全民疯狂	Extraordinary Popular Delusions & the Madness of Crowds	〔英〕查尔斯·麦基	黄惠兰、邹林华	58.00元
高胜算交易策略	High Probability Trading Strategies	〔美〕罗伯特·C.迈纳	张意忠	48.00元
每日交易心理训练	The Daily Trading Coach	〔美〕布里特·N.斯蒂恩博格	沈阳格微翻译服务中心	53.00元
逻辑交易者	Logical Trader	〔美〕马克·费舍尔	朴 兮	45.00元
市场交易策略	Market Trading Tactics	〔美〕戴若·顾比	罗光海	48.00元
股票即日交易的真相	The Truth About Day Trading Stocks	〔美〕乔希·迪皮特罗	罗光海	36.00元
形态交易精要	Trade What You See	〔美〕拉里·派斯温托 莱斯莉·久弗拉斯	张意忠	38.00元
战胜金融期货市场	Beating the Financial Futures Market	〔美〕阿特·柯林斯	张 轶	53.00元

股票和期货的控制论分析	Cybernetic Analysis for Stocks and Futures	〔美〕约翰·F.埃勒斯	罗光海	45.00元
趋势的本质	The Nature of Trends	〔美〕雷·巴罗斯	张 轶	45.00元（估）
交易大师：当今顶尖交易者的超级收益策略	Master Traders: Strategies for Superior Returns from Todays Top Traders	〔美〕法雷·汉姆瑞	张 轶	38.00元（估）
一个外汇交易者的冒险历程	Adventures of a Currency Trader	〔美〕罗布·布克	吴 楠	32.00元（估）
动态交易指标	Dynamic Trading Indicators	〔美〕马克·黑尔韦格 戴维·司汤达	张意忠	35.00元（估）
股票期货赢利秘诀	New Blueprints for Gains in Stocks & Grains & One-Way Formula for Trading in Stocks & Commodities	〔美〕威廉姆·达尼根	陈立辉	68.00元（估）
期货交易游戏	The Futures Game	〔美〕理查德·J.特维莱斯 弗兰克·J.琼斯	蒋少华、潘婷 朱荣华	78.00元（估）
赚了就跑：短线交易圣经	Hit and Run Trading: the Short-Term Stock Traders' Bible-Updated	〔美〕杰夫·库珀	罗光海	48.00元（估）
观盘看市：盘口解读与交易策略	Tape Reading and Market Tactics	〔美〕汉弗莱·B.尼尔	郭鉴镜	48.00元（估）
把握市场时机	Timing the Market	〔美〕科提斯·阿诺德	陈 烨	48.00元（估）
股票大作手回忆录	Reminiscences of a Stock Operator	〔美〕埃德温·勒菲弗	丁圣元	48.00元
市场剖面图分析	Markets in Profile	〔美〕詹姆斯·F.戴尔顿	陈 烨	35.00元（估）
小盘股投资者	The Small-Cap Investor	〔美〕法雷·汉姆瑞	季传峰	38.00元（估）
时间价值论（暂定）	Value in Time	〔美〕帕斯卡尔·威廉	华彦玲	45.00元（估）
资金管理的数字手册（暂定）	The Handbook of Portfolio Mathematics	〔美〕拉尔夫·文斯	蒋少华	45.00元（估）
价格图表形态详细解读（暂定）	Reading Price Charts Bar by Bar	〔美〕埃尔·布鲁克斯	刘 勇	38.00元（估）
安德鲁音叉线交易技术分析（暂定）	Integrated Pitchfork Analysis	〔美〕米尔卡·多洛加	张意忠	38.00元（估）
非主流战法——高胜算短线交易策略（暂定）	Street Smarts: High Probability Short-Term Trading Strategies	〔美〕劳伦斯·A.康纳斯 琳达·布拉福德·拉斯奇克	孙大莹、张轶	48.00元（估）
屡试不爽的短线交易策略（暂定）	SHORT TERM TRAOING STRATEGIES THAT WORK	〔美〕拉里·康纳斯 凯撒·阿尔瓦雷斯	张轶	38.00元（估）
动量指标权威指南（暂定）	The Definitive Guide to Momentum Indicators	〔美〕马丁·普林	罗光海	58.00元（估）
掌握艾略特波浪理论（暂定）	Mastering Elliott Wave	〔美〕格伦·尼利 埃里克·郝	廖小胜	58.00元（估）

国内原创精品系列

如何选择超级黑马	——	冷风树	——	48.00元
散户法宝	——	陈立辉	——	38.00元
庄家克星（修订第2版）	——	童牧野	——	48.00元
老鼠戏猫	——	姚茂敦	——	35.00元
一阳锁套利及投机技巧	——	一 阳	——	32.00元
短线看量技巧	——	一 阳	——	35.00元
对称理论的实战法则	——	冷风树	——	42.00元
金牌交易员操盘教程	——	冷风树	——	48.00元
黑马股走势规律与操盘技巧	——	韩永生	——	38.00元
万法归宗	——	陈立辉	——	40.00元
我把股市当战场（修订第2版）	——	童牧野	——	38.00元
金牌交易员的36堂课	——	冷风树	——	42.00元
零成本股票播种术	——	陈拥军	——	36.00元
降龙伏虎	——	周家勋、周涛	——	48.00元
金牌交易员的交易系统	——	冷风树	——	42.00元
金牌交易员多空法则	——	冷风树	——	42.00元
十年一梦（修订版）	——	青泽	——	45.00元
走出技术分析陷阱	——	孙大莹	——	58.00元
期货实战经验谈（暂定）	——	李意坚	——	36.00元（估）
致胜之道——短线操盘技术入门与提高	——	韩永生	——	38.00元（估）
鬼变脸主义及其敛财哲学（修订第2版）	——	童牧野	——	48.00元（估）

更方便的购书方式：

方法一：登录网站http：//www.zhipinbook.com联系我们；

方法二：直接邮政汇款至：北京市西城区北三环中路甲六号出版创意大厦7层

收款人：吕先明　　邮编：100120

方法三：银行汇款：中国农业银行北京市朝阳路北支行

账号：622 848 0010 5184 15012　　收款人：吕先明

注：如果您采用邮购方式订购，请务必附上您的详细地址、邮编、电话、收货人及所订书目等信息，款到发书。我们将在邮局以印刷品的方式发货，免邮费，如需挂号每单另付3元，发货7-15日可到。请咨询电话：010-58572701　（9：00-17：30，周日休息）

网站链接：http：//www.zhipinbook.com

丛书工作委员会

本书工作委员会

智品書業
ZHIPIN BOOKS